Magia das Cordas

Usando o Poder das Cordas, Fios, Torções e Nós

BRANDY WILLIAMS

Magia das Cordas

Usando o Poder das Cordas, Fios, Torções e Nós

NOVA SENDA

MAGIA DAS CORDAS

Traduzido de: *Cord Magic: Tapping into the Power of String, Yarn, Twists & Knots*

Direitos autorais © 2021 Brandy Williams | Publicado por Llewellyn Publications

Woodbury, MN 55125 EUA | www.llewellyn.com

© 2021 Editora Nova Senda

Tradução: Renan Papale

Revisão: Luciana Papale

Diagramação: Décio Lopes

Ilustrações: Wen Hsu

DADOS INTERNACIONAIS DE CATALOGAÇÃO NA PUBLICAÇÃO (CIP)

Angélica Ilacqua CRB-8/7057

Williams, Brandy

Magia das cordas: usando o poder das cordas, fios, torções e nós / Brandy Williams. Tradução de Renan Papale. São Paulo: Editora Nova Senda, 2022. 2ª edição. 264 páginas: il.

ISBN 978-65-87720-05-0

Título original: *Cord Magic: Tapping into the Power of String, Yarn, Twists & Knots*

1. Magia 2. Bruxaria 3. Cordas e nós - Aspectos religiosos I. Título

21-2760   CDD 133.43

Índices para catálogo sistemático:

1. Magia e feitiçaria 133.43

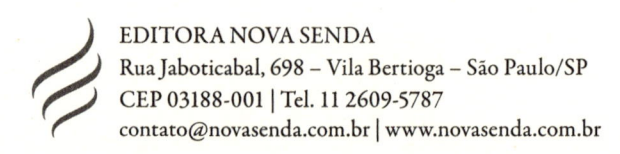

EDITORA NOVA SENDA

Rua Jaboticabal, 698 – Vila Bertioga – São Paulo/SP

CEP 03188-001 | Tel. 11 2609-5787

contato@novasenda.com.br | www.novasenda.com.br

Sobre a Autora

Brandy Williams é uma Bruxa e Maga Pagã que ama o que faz. Ela tece carinho e proteção em cada gorro que tricota para os amigos. Sempre aproveita seu jardim, cultivado em casa, para realizar experimentos com corantes naturais. Também adora aplicar seu amplo conhecimento em correspondências e técnicas mágicas.

Você pode entrar em contato com ela em:
www.brandywilliamsauthor.com

Sumário

Prefácio 9
Introdução 11

Parte 1: O Básico das Cordas Mágicas 15

Um: O que é uma Corda Mágica? 17
Dois: Fazendo um Cordão 27
Três: Desfazendo um Cordão. 49

Parte 2: O Design do Cordão Mágico 53

Quatro: Números 55
Cinco: Cor 69
Seis: Fibras 103
Sete: Propósito 121
Oito: Nó mágico 161

Parte 3: Trabalhando com Cordas Mágicas 175

Nove: Kit de Corda Mágica 177
Dez: Cordas para Momentos e Lugares Específicos 193
Onze: Projetos com Cordas Mágicas 221
Nota final 247
Bibliografia 249
Índice Remissivo 259

Prefácio

Eu aprendi como torcer cordas com Rhea Loader, que conhece métodos simples e práticos e acabou ensinando um grupo de amigos meus. Durante anos ministramos aulas e workshops mostrando tais técnicas para outras pessoas. Fizemos todo tipo de cordão para todos propósitos mágicos possíveis e os usamos em todas as festas pagãs.

Esse foi apenas o início de nossas carreiras docentes; muitos de nós passaram a aceitar aprendizes e passamos a liderar grupos mágicos. Após uma década de aulas para iniciantes, eu já estava pronta para mergulhar em um trabalho mais aprofundado. Escrevi *Magia Prática para Iniciantes* para captar o material que usei ao longo desse tempo de iniciação nas aventuras mágicas. Quando novatos pedem para ensinar a técnica, agora entrego a eles o livro!

Desde então, tenho me empenhado em criar novas maneiras de pensar sobre a magia que fazemos. Criei um espaço para mulheres e outros gêneros não masculinos no "Cerimonial Magic", que foi amplamente construído por e para homens. Conectei nossa prática atual aos professores pagãos do passado, que construíram estruturas filosóficas e religiosas tão sofisticadas e afirmativas da vida quanto qualquer uma das religiões do Planeta. Também me relacionei com outras pessoas que trabalham com essas ideias, escrevemos juntos, conversamos sobre podcasts e ensinamos em conferências.

A magia prática nunca sai de moda. Por mais elevados que sejam nossos objetivos espirituais, enquanto formos seres físicos, precisaremos ter um lugar para ficar, comida, saúde, companheirismo e amor. A magia nos ajuda a obter e a manter essas coisas. Continuei a fazer os feitiços de vela de magia prática e os de corda mágica que eu e meus amigos criamos juntos.

Um dia eu estava empacotando um presente de aniversário para um amigo e tinha somente um belo caderno e uma caneta sofisticada para anotar ideias, porém, precisava de algo mais. Peguei algumas linhas de bordar da minha coleção e escolhi as cores verde para saúde, amarelo para felicidade e vermelho para proteção. O Coven estava se preparando para se reunir naquela noite, então eu tinha uma casa cheia de pessoas. Chamei um dos meus companheiros de Coven e pedi a ele que me ajudasse a torcer a corda. Foi a primeira vez que ele viu essa técnica e imediatamente se apaixonou por ela. "Ei", disse ele, "você poderia escrever sobre isso!".

Foi assim que comecei a escrever este livro. Isso me trouxe de volta à diversão que eu tinha fazendo cordas com meus amigos. Num verão, três de meus amigos e eu dirigimos para a Califórnia para participar de uma conferência Pagã. Dirigimos dia e noite e não paramos até chegar ao oceano, e então, "caímos" fora do carro, felizes por esticar as pernas. "Ei", disse eu, "vamos fazer um cordão para lembrar disso". Cada pessoa do grupo escolheu uma cor: azul-esverdeado para o oceano, bege para a areia, azul-claro para o céu e amarelo para nossa felicidade. Fizemos o cordão juntos e depois o cortamos em pedaços para que todos pudéssemos carregá-lo para onde quer que fôssemos.

Mais tarde, na conferência, apresentei um workshop de magia com cordas. Sentada em um campo gramado falei sobre os blocos de construção da magia, cor, números e afirmações simples. Então, peguei os sacos de lã e os joguei para a multidão. O campo explodiu em cores enquanto as pessoas mediam comprimentos e os torciam juntos, rindo e fazendo magia umas com as outras.

Espero que a magia das cordas também traga diversão para você.

Introdução

Meu celular vibrou. Por que Pat estaria me ligando a esta hora da noite? Quando atendi, ela disse freneticamente: "Cathy está desaparecida!"

Cathy era uma adolescente doce, tímida e confiante, e sua mãe tendia a cuidar demasiado dela, então não entrei em pânico.

— Diga-me o que aconteceu. Onde ela foi?

— Ela saiu da casa de uma amiga há duas horas e deveria ter voltado imediatamente.

Senti um choque, mas mantive minha voz calma.

— Ela está com o celular?

— Não, ela deixou em casa. Eu liguei para todos os lugares. Estou tão preocupada. Por favor, ajude-a a voltar para casa para mim.

Entrei no quarto.

— Qual é a sua cor favorita? — perguntei.

— Azul — disse ela sem hesitação.

Com uma das mãos, vasculhei minha cesta de fios de bordar.

— Qual é a cor favorita de Cathy?

— Cor-de-rosa.

Eu escolhi um fio amarelo-claro para o meu otimismo de que ela estaria rapidamente segura em casa.

— Agora, imagine um cordão entre você e Cathy.

— Está sempre lá — disse ela.

— Aguente firme. Imagine-se puxando suavemente o cordão. Você vai continuar puxando suavemente até que ela volte para casa.

Isso deu a ela algo para fazer além de se preocupar.

— Ligue-me daqui uma hora, ou antes se tiver uma atualização. Vou trabalhar para ela.

Mesmo sozinha, leva apenas um ou dois minutos para torcer uma corda. Enquanto torcia o fio, visualizei Cathy em casa, sã e salva, Pat aliviada e feliz e as duas amarradas pela corda. Quando terminei, amarrei um nó frouxo na corda e disse: "Volte para casa em segurança!"

Na maioria das vezes, quando fazemos um feitiço ou trabalho mágico, temos tempo para comprar materiais, montar as ferramentas e moldar cuidadosamente a intenção mágica em uma frase clara. Porém, quando ocorre uma emergência a magia precisa ser instantânea e decisiva.

Um cordão é um talismã criado para um propósito específico usando fio de fibra. O material da corda pode ser de algodão, lã, couro ou de uma substância sintética como o náilon. Como um objeto físico, ele carrega as energias da fibra e da cor da tinta que usamos e pode incorporar outros objetos, como miçangas de pedra ou de madeira. Como um talismã, ele alavanca as associações que fazemos com números, cores e os ciclos do tempo.

Magia significa fazer as coisas acontecerem quando você precisa que aconteçam. Primeiro você precisa saber o que deseja realizar e, em seguida, descobrir uma maneira de afirmar isso com clareza. Seus objetivos podem ser conseguir uma casa, encontrar um emprego, recuperar-se de uma lesão, curar uma amizade ou tantos outros. A magia alavanca o conhecimento para manifestar esse objetivo usando nossas associações pessoais e os significados comuns dos materiais usados em nossos feitiços e rituais. A magia envia a intenção para o mundo.

Magia com cordas é uma das maneiras mais fáceis e satisfatórias de fazer magia. As cordas são flexíveis. Você pode torná-las talismãs autônomos ou usá-las para adicionar energia a outros talismãs. Por serem tão fáceis e baratas de fazer, elas incentivam a criatividade, podendo experimentar texturas, cores e tamanhos. Você pode pegar os projetos diretamente deste livro ou usá-los para gerar suas próprias ideias.

Cordas são discretas. Todo mundo usa um barbante! Os artesãos fazem cordões para usar em joias, você pode fazer cordões em público, usá-los na vida cotidiana e ninguém ficará sabendo. Os cordões são fáceis de incorporar na roupa ou de esconder no bolso ou na bolsa. Eles são uma ferramenta portátil e definitiva.

Este livro traz as técnicas, as ferramentas e o conhecimentos de que você precisa para fazer magia com cordas. Você pode ler o livro direto ou pular para a parte de que precisa agora. As planilhas exploram seus próprios significados para cor, número e fibra. Ao preenchê-las, você terá suas próprias referências. Caso necessite começar imediatamente, as referências rápidas listam significados mágicos comuns. Você pode percorrer o capítulo 7 "Propósito", para personalizar a intenção que se adapta às suas necessidades, ou pode ir para o capítulo 11 "Projetos com Cordas Mágicas" e fazer um dos cordões descritos lá.

> **Dica:** faça uma fotocópia das planilhas para fazer sua própria pasta de trabalho, para que possa consultar rapidamente seus próprios significados para montar suas cordas.

O que aconteceu com Cathy? Quase uma hora depois, Pat ligou de volta. "Ela está em casa", disse com grande alívio. "Cathy falou que de repente sentiu que estava com problemas comigo. Ela lamenta ter demorado tanto para chegar em casa." Soltei um suspiro de alívio e desatei o nó da corda, um desejo realizado.

Quando vi Pat e Cathy na semana seguinte, dei o cordão a Cathy. "Você pode usar ou guardar no bolso ou na bolsa", eu disse. "É um talismã para mantê-la segura." E dei um pedaço do cordão a Pat. "Você pode usar isso para ajudar a sentir sua conexão com Cathy."

Nem toda história é tão dramática quanto a de Cathy (graças a Deus!), mas demonstra como as cordas podem ser versáteis. A corda é mágica porque torna algo útil a partir de materiais incrivelmente simples. O próprio ato de criar um barbante reúne coisas separadas. Adicione cor e uma torção hipnotizante e a corda torna a própria magia visível e tangível. Fazer uma corda puxa a magia que está no ar.

Parte 1

O Básico das Cordas Mágicas

O cordão é uma das maneiras mais fáceis e criativas de criar talismãs mágicos. Os capítulos desta primeira parte exploram algumas das maneiras como as pessoas usaram as cordas ao longo da História e em todo o Mundo. O próximo passo é fazer um cordão. Leva muito mais tempo para explicar como fazer do que realmente fazer! Depois de pegar o jeito, você pode fazer um em apenas alguns minutos. Claro, é importante saber como administrar qualquer mágica que fizermos, então veremos como desfazê-la também.

Este livro contém planilhas que podem ser preenchidas com suas próprias referências pessoais. E contém também referências rápidas, com significados padrão ou de amostra. Um exercício é uma ação que você pratica para aprender a fazer cordas. Um feitiço fornece instruções específicas que resultam em um cordão completo. "Encantar" significa "cantar" sobre um objeto ou falar um encantamento, e o objeto em si é um amuleto, também chamado de *talismã*. Quando você cria um cordão, está realizando a ação mágica de encantamento.

Capítulo 1
O que é uma Corda Mágica?

Provavelmente você já fez magia com cordas. Você já deu ou recebeu uma pulseira da amizade? Talvez tenha ido a um ritual e alguém enrolou um cordão em seu pulso. Essa é uma magia tão universal que quase todas as culturas ao redor do Mundo e ao longo da História têm alguma forma de Cordão Mágico.

Magia com cordas é antiga

Fazer um fio, tingi-lo e amarrá-lo em torno de nós mesmos é uma das magias mais antigas que conhecemos.

Quantos anos têm a magia com as cordas?

Um marinheiro olha para o pano de linho pendurado no cordame. Ainda sem vento. Três dias calmos e a alimentação está escassa. Ele puxa uma corda fina amarrada com nós elaborados. Bem, não há mais nada a fazer, ele precisa de ajuda agora. Soprando na corda para começar o processo, ele solenemente desatou o nó. "Sopre, vento, sopre!" diz ele, uma invocação e uma oração.

Mais velho do que isso!

Uma mulher de cabelos escuros está sentada de pernas cruzadas com uma tigela no colo. As mulheres sentadas ao redor da fogueira olham para ela com expectativa. Pegando uma mecha em uma das mãos, ela começa a girar o fuso, puxando a lã para formar um fio fino. Enquanto ela gira, cantarola suavemente uma bênção para calor e saúde.

Ainda mais velho do que isso!

Os caules secos chacoalham com o calor do final do verão. Uma Neandertal mulher esmaga os caules de linho entre as mãos para retirar as fibras. Ela esfrega as fibras entre as mãos para combiná-las, acrescentando mais talos à medida que o barbante toma forma. A Neandertal vai precisar de um fio extra forte, para aguentar o peso da pedra esburacada que encontrou. Usar pedras desse tipo sempre traz sorte. Ela está tão focada que leva um tempo para notar a mulher humana observando silenciosamente seu trabalho. Essa mulher humana oferece um punhado de talos de linho que reuniu. Olha só, acontece que os humanos são ensináveis.

A mulher humana trabalha muito e ri facilmente. Uma tarefa tediosa se torna mais rápida com companhia. A Neandertal tira seu colar e desliza para fora da concha que estava usando. Num impulso, ela o entrega para a mulher humana.

Com os olhos arregalados, a humana coloca a concha em seu cordão e amarra em volta do pescoço e, em seguida, junta as mãos e inclina a cabeça em agradecimento. Acontece que os humanos também podem aprender sobre magia.

A corda mais velha tem 90.000 anos e foi encontrada em uma caverna na França, que os Neandertais usavam muito antes de nossos ancestrais humanos chegarem à Europa.[1] Somando isso a descobertas

---

1. Barras, "A corda mais antiga do mundo foi encontrada com os Neandertais franceses."

semelhantes, os cientistas hoje estão se inclinando para a ideia de que os primeiros humanos aprenderam a confecção de ferramentas e cordas com nossos primos bem antigos. Os Neandertais utilizavam barbantes para revestir conchas e ocasionalmente dentes de animais. Talvez fosse só para decoração, mas é muito trabalho só para decorar! Ainda hoje as pessoas usam conchas, dentes e pedras para proteção mágica.

Podemos ver que as cordas têm sido usadas para joias, mas não podemos saber com certeza se os pingentes eram mágicos. Sabemos que, quando o registro histórico se abriu, a magia da pedra e do cordão já era antiga.

> Kasap se encosta na parede, esperando sua vez na corte. Enquanto espera, ele disfarçadamente passa os dedos na ponta de sua capa. Com sorte, se alguém o vir, pensarão que ele está apenas inquieto. Na verdade, ele está esfregando o cordão de pedra que amarrou ali recentemente. A pedra é aquela que traz favores dos governantes, com certeza vai ajudá-lo no tribunal. O nó contém seu desejo sussurrado de ganhar a ação. Talvez ele finalmente consiga fazer com que Iddin devolva o empréstimo!

Kasap pode ter lido o Neobabilônico *Livro das Pedras*, que lista as propriedades mágicas de minerais específicos.[2] Ele e seus amigos usavam cordões de pedras para protegê-los de doenças, de inimigos e da ira dos deuses.

A magia das pedras preciosas é bem compreendida. Mas não é apenas o pingente que oferece proteção, o próprio cordão carrega energia. Um dos hieróglifos egípcios para um pendente mágico é um pictograma de um laço de corda.[3] *Himala*, a palavra árabe para "amuleto", refere-se a uma corda usada em volta do pescoço, bem como a um amuleto conectado a uma corda.[4]

---

2. Reiner, *Astral Magic in Babylonia*.
3. Pinch, *Magic in Ancient Egypt*.
4. Budge, *Amulets and Superstitions*.

O que torna a corda mágica em si? Em parte, é o material. O linho é um tecido confortável e leve, que seria especialmente bem-vindo se, como no passado, suas únicas alternativas fossem couro e pele.

A cor também tem uma parcela mágica a ser considera. Tingir uma corda aumenta seu poder. Kasap e seus amigos usaram suas pedras mágicas amarrando-as em cordas vermelhas, pretas ou brancas.[5] As Bruxas hoje ainda fazem cordões vermelhos, pretos e brancos. Portanto, se alguém perguntar por quê, diga a eles que a ideia é pelo menos tão antiga quanto os babilônios.

É fácil entender por que as cores preto e branco aparecem nos cordões. Ovelhas dão lã nessas cores, assim como marrom e cinza. No entanto, não há ovelhas vermelhas – para obter essa cor você tem que tingir o tecido. Acontece que também fazemos isso há muito tempo.

Vermelho, preto e branco não são as únicas cores que os seres humanos têm usado nas linhas. Cientistas encontraram fio de linho com 30.000 anos em uma caverna russa, e o fio era tingido de turquesa.[6] Os arqueólogos encontraram raízes de plantas que poderiam ter sido usadas para tingir fios na época das cavernas. A gama de cores foi relatada como incluindo amarelo, vermelho, azul, violeta, preto, marrom, verde e cáqui. Você poderia fazer uma bandeira do orgulho homoafetivo com todas essas cores!

Cordas Mágicas são espirituais

Há algo sobre o barbante que lembra nossa natureza espiritual. Talvez seja o fato de que usamos linha para amarrar as coisas. Talvez seja a conexão primordial do cordão com a vida. Antes de nascermos, éramos ligados a nossas mães por meio de um cordão umbilical, que literalmente nos mantinha vivos até que estivéssemos prontos para emergir no mundo, respirar e comer por conta própria. Seja qual for o motivo, a magia com as cordas é um costume que as tradições judaica, hindu, budista, cristã, xintoísta e pagã têm em comum. Aqui estão alguns exemplos.

---

5. Reiner, *Astral Magic*.
6. Kvavadze et al., "Fibras de linho selvagem com 30,000 anos."

A forma mais simples dessa magia é um cordão de cor única usado para proteção e boa sorte, como o cordão vermelho da Cabala. Normalmente, são pedaços de lã que foram enrolados em torno do túmulo de Rachel. A matriarca judia era a mãe de Joseph e Benjamin e era conhecida por ser generosa e gentil. Sua bênção sobre o cordão protege quem o usa da malícia e do infortúnio.[7] Celebridades como Madonna tornaram a "Corda da Cabala" famosa.[8] Hoje, você pode comprar um pedaço de um barbante que foi enrolado ao redor da tumba de Rachel em muitos lugares, até mesmo on-line.

O barbante vermelho pode ser amarrado no pulso do bebê. Uma possível fonte desse costume está em Gênesis 38.[9] A História diz que a esposa de Judá, Tamar, estava dando à luz dois meninos gêmeos. Era importante saber quem nasceu primeiro, pois seria o herdeiro de Judá. Enquanto o parto acontecia, um dos bebês colocou a mão para fora do útero. A parteira enrolou um cordão em seu pulso e disse: "Este aqui nasceu primeiro!" Então o menino puxou a mão de volta. Finalmente, um bebê surgiu nos braços da parteira, mas ele não estava usando o fio vermelho! Era o segundo gêmeo, que acabou sendo reconhecido como o primogênito e herdeiro, enquanto o bebê com o fio vermelho surgiu depois e foi para sempre o segundo filho.

O fio vermelho também faz parte dos costumes cristãos. Algumas famílias passam um ritual de fio como uma tradição.[10] A mãe ou avó de um bebê recém-nascido enrola um fio vermelho no pulso minúsculo do bebê. Esse costume liga a família à tradição cristã e oferece uma bênção ao filho recém-nascido.

A corda também pode ser trançada, torcida e tecida, e cada uma dessas ações tem um poder mágico. O povo judeu usa xales de oração chamados *tallit*, que podem ser amarrados com franjas e cordas azuis chamadas *tzizith*,[11] que servem como meio de lembrança dos

7. Teman, "The Red String."
8. The Kabbalah Center, "The Red String."
9. Rabbi Ullman, "The Red String."
10. Mowry, "The Story Behind Our Bracelets."
11. Lockshin, "What Do Tzitzit Represent?"

mandamentos de Deus. Eles também podem ter uma borda em azul. Isso vem de uma instrução bíblica citada em Números 15:38: "Diga o seguinte aos israelitas: Façam borlas nas extremidades das suas roupas e ponham um cordão azul em cada uma delas; façam isso por todas as suas gerações". A cor azul lembra ao usuário o céu e o oceano, que são reflexos da presença divina. O *Tzizith* chama a mente de quem o usa para se lembrar de orar.[12]

As mulheres da colônia alemã da Pensilvânia[13] usam lã vermelha em curas e tratamentos. O fio é passado sobre o corpo do doente e depois suspenso na fumaça da lareira. O fio escarlate simboliza o sacrifício de Cristo e carrega seu poder de cura.[14]

Os cristãos criam artesanato com fios, como xales, cobertores e chapéus. Grupos de pessoas oram por eles para fornecer uma bênção para as pessoas que os recebem. Os bens tecidos são dados às famílias com recém-nascidos, para proteger crianças, pessoas doentes em casa ou em hospitais e famílias que perderam entes queridos. Esses lindos presentes trazem a mensagem de cuidado, esperança de cura e conforto.[15]

É importante entender que, embora possamos reconhecê-los como formas de magia, as famílias cristãs e judaicas podem preferir não pensar neles como ações mágicas, em vez disso, pensam como uma forma de levar as bênçãos de Deus para os destinatários.

Outras religiões conectam o fio com o poder divino. Os visitantes dos templos hindus às vezes recebem um fio chamado *kalava*[16]. Os novelos comercializados desse fio geralmente combinam fios vermelhos e dourados. Quando eu e meu parceiro, Alex, viajamos para Varanasi, visitamos o grande templo de Shiva, Kashi Vishwanath. Um padre fez um *puja* para nós. Depois de fazer orações em sânscrito, ele nos fez cruzar as mãos e envolveu um *kalava* em cada um de nossos

---

12. Kluge, *The Tallit*.
13. N. do T.: A colônia alemã da Pensilvânia (*Pennsylvania Dutch*) foi formada por descendentes de imigrantes vindo da Alemanha que colonizaram a região durante os séculos XVIII e XIX.
14. Donmoyer, *Powwowing in Pennsylvania*.
15. Jorgensen, *Knitting into the Mystery*.
16. Bhatnagar, *My Hindu Faith and Periscope*.

pulsos, o pulso direito de Alex e meu pulso esquerdo, um ritual que visa capturar a bênção de Shiva. O padre especificamente nos deu a bênção como um casal.

Em um mosteiro budista no Sri Lanka, os monges enrolam um carretel de linha branca enquanto entoam versos budistas. Depois, eles dão pedaços do fio de graça para qualquer pessoa que os visitam e pede para que o usuário possa ser lembrado do poder das palavras do Buda. Eles chamam essa corda de *pirit nul* ou linha abençoada.[17]

Monges budistas na Tailândia abençoam um barbante branco chamado *sai sin*. Os visitantes dos templos podem ter um amarrado no pulso. Este barbante também é usado para decorar os templos em épocas de festivais. Durante as cerimônias de casamento, os convidados podem amarrar um cordão branco ao redor dos pulsos do casal para abençoá-los. O fio também é usado em cerimônias memoriais, onde a corda é enrolada em volta do crematório para desejar bênçãos aos falecidos em suas próximas vidas.[18]

A linha pode ser usada para transmitir energia. Um ritual budista coloca o poder divino em um vaso de água, que mais tarde é usado como oferenda. O ritualista segura uma ponta do fio no coração e amarra a outra ponta no vaso. Mantras são então falados para consagrar a água que está ali.[19]

Muitos anos atrás, os monges Gaden Shartse visitaram Seattle em uma de suas viagens culturais para promover um concerto. Enquanto estavam na cidade, eles pararam em um templo budista local e deram uma iniciação pública de "Tara Branca", que tive a sorte de assistir. A capacitação envolve aprender a cantar um mantra e fazer uma visualização da Deusa. Durante a cerimônia, os monges amarraram um fio, neste caso marrom, nos pulsos de todos. Eu ainda tenho o meu! Visto que a Tara Branca confere saúde e vida longa, eu a uso quando minha saúde está ameaçada ou quando canto para amigos que estão enfrentando doenças severas.

---

17. Mahamevnawa, "Receiving a Blessing Thread."
18. Cavanagh, "Sai Sin and the Sacred White Thread."
19. Bentor, *Consecration of Images and Stupas in Indo-Tibetan Tantric Buddhism.*

Tenho uma estátua de Tara Branca, que tem um fio branco amarrado em seu pulso. Ela é oca. Orações e mantras são escritos em papel e inseridos na estátua enquanto os monges oram. Em seguida, o oco é selado.[20] Obtive a estátua em uma loja de suprimentos budistas de Seattle, onde o proprietário me disse que o fio branco enrolado no pulso da estátua significa que ela foi espiritualmente ativada por monges budistas.

Se você visitar o templo xintoísta do Grande Santuário de Tsubaki da América do Norte, em Granite Falls, no estado de Washington, verá uma grande corda amarrada ao redor do tronco de uma árvore gigantesca. A corda é chamada de *shimenawa* e é usada para marcar lugares onde *kami* (deuses e espíritos da religião xintoísta) podem se reunir ou habitar.[21] Há muitos *shimenawa* no local, pairando sobre o caminho até o rio, suspensos acima das portas, enrolados em pedras e planando sobre as passarelas. Eles marcam onde os *kami* caminham do rio até o santuário e de volta ao local. *Shimenawa* também pode ser usado para demarcar o espaço do ritual, tornando tudo o que está dentro dele um terreno sagrado.[22] Isso me parece semelhante ao uso do Cordão da Bruxa para realizar feitiços de Círculo.

Bruxas e Pagãos também usam cordas. Parte da cerimônia de Iniciação da Bruxaria envolve tomar as medidas do Iniciado.[23] O candidato é deitado no chão e em um único fio é medido da cabeça aos pés. Esta medida simboliza o compromisso da nova Bruxa com os votos feitos na Iniciação e serve como uma representação de que o Iniciado está magicamente ligado. Alguns Iniciadores mantêm as medidas dos Iniciantes e fazem as terríveis ameaças tradicionais de usá-las em magia simpática para distribuir punição se o Iniciado quebrar seus votos. Outros Iniciadores optam por devolver a medida ao candidato para sinalizar confiança e aceitação, devolvendo a ele a responsabilidade de manter seus compromissos com a nova Bruxa.

---

20. Bimbaum, "Consecration of Statues and Thangkas".

21. De Garis, *We Japanese*.

22. Yamakage, *The Essence of Shinto*, "Himorogi".

23. Farrar, *The Inner Mysteries*.

Algumas Bruxas usam cordões trançados em volta da cintura para sinalizar sua linhagem e seu grau. Sou uma Bruxa de Terceiro Grau em duas linhas, e tenho dois conjuntos de cordas, cada uma com três cores; um é branco, vermelho e preto e o segundo é branco, vermelho e azul. O Cordão da Bruxa pode ter quase três metros de comprimento, o que permite que se enrole bastante na cintura. É este comprimento que pode ser usado para medir o diâmetro de um círculo de nove pés para a Bruxa trabalhar. Eu mantive essa prática em meu primeiro ano como uma jovem Bruxa e solenemente usei minha corda para medir um Círculo. Foi difícil encontrar um espaço que ocupasse um círculo tão grande! Decidi que era mais importante para mim ter um espaço viável do que a prática dos números, então agora eu marco um círculo do tamanho que preciso onde quer que ele caiba.

Os pagãos também usam cordas para amarrar as mãos em uma cerimônia de casamento chamada *handfasting*. O costume de "casar as mãos" migrou da comunidade pagã para o uso geral. Existem alguns sites que descrevem como "trançar o cordão", além de dar sugestões de como decorá-lo. Eu já oficializei casamentos para budistas, mágicos, bruxas e também para pessoas sem denominações religiosas, e cada cerimônia incluiu um cordão de união das mãos. É uma forma tão tangível e elegante de marcar a união de duas vidas!

Apenas uma nota para o casal e o oficiante: é uma boa ideia praticar o procedimento com antecedência, para que o processo flua sem problemas durante o próprio casamento. Não é difícil, mas pode ser complicado colocar a corda em torno de dois conjuntos de pulsos, até que você se acostume com o tamanho da corda e o tamanho das mãos.

Pessoas ao redor do mundo usam fios e cordas para proteger recém-nascidos, amarrar recém-casados, desejar ao falecido uma boa próxima vida, entregar uma bênção para pessoas necessitadas, lembrar-se de orar e de se conectar com suas tradições espirituais, carregar o poder de uma divindade ou templo e marcar locais onde residem os espíritos. Não preciso fazer uma lista exaustiva – as cordas foram usadas para quase todos os fins mágicos imagináveis.

A Corda Mágica é uma parte a mais da magia

O fio é tão útil que é uma das nossas ferramentas mais antigas. Mesmo antes de fazermos facas para cortar as coisas, já estávamos torcendo as fibras. Antes da corda, tínhamos que carregar tudo nas mãos. Nossos ancestrais usavam barbantes para fazer alças e bolsas e guardar objetos. As sacolas podem ser amarradas no pescoço e na cintura e liberar as mãos para coletar plantas e carregar bebês. O barbante pode ser transformado em redes para a captura de pequenos animais. Cordas podem ser usadas para pendurar sacos, plantas e pequenos jogos em galhos de árvores e afloramentos de pedra para formar ganchos naturais.

Hoje, o barbante ainda é uma das ferramentas mais úteis da casa. No jardim, um rolo de barbante amarra plantas murchas, tomateiros às estacas, fornece suporte para ervilhas trepadeiras e embrulha ervas para pendurá-las para secar. O barbante de cozinha pode amarrar frango e carne assada, pendurar cebolas ou amarrar um buquê de ervas na sopa.

No verão, os varais podem arejar a roupa com a brisa fresca. Uma corda enrolada em um nicho pode pendurar uma panela ou colher, enrolada em um pino pode suspender uma tapeçaria na parede.

Os cordões decorativos têm muitos usos no artesanato. Eles podem amarrar pacotes, fazer cordões para bolsas ou pendurar um pingente. Revistas de artesanato, sites e vídeos fornecem instruções sobre como fazer cordas em padrões tanto simples quanto complicados.

A corda é um dispositivo tão útil que naturalmente a procuramos quando precisamos de magia também. A função básica de um barbante é amarrar as coisas e pendurá-las em nós mesmos. Quando adicionamos uma intenção, o cordão se torna uma forma de amarrar magia em algo ou a alguém. Nenhuma das coisas para as quais usamos barbante em nossa vida diária é mágica em si mesma. Qualquer coisa pode ser transformada em atos mágicos adicionando uma bênção à corda.

Agora que examinamos algumas das maneiras como as pessoas usaram cordas para criar magia, podemos começar e aprender como fazer nossos próprios cordões em apenas alguns minutos, usando as propriedades naturais da corda torcida.

Capítulo 2
Fazendo um Cordão

Este capítulo introduz a parte de como fazer as cordas. Falaremos sobre fios de medição e como torcê-los em cordões. Você pode fazer cordões curtos ou longos, e pode fazê-lo sozinho ou trazer amigos para ajudar. Ao fazer a torção, você levará em consideração se deseja atrair a energia mágica para si mesmo ou enviá-la para o mundo. Além da linha colorida, pode adicionar metal, madeira e pedras aos seus talismãs de cordão na forma de pingentes e contas.

Todos os cordões neste livro usam o método de torção para serem feitos. Qualquer pessoa capaz de segurar um fio pode confeccionar um cordão torcido. A técnica requer apenas um pouquinho de habilidade e aprendizado, mas é fácil de aprender. As crianças fazem cordas torcidas nas primeiras tentativas. Antes de começarmos a torcer o fio, pode ser útil entender um pouco sobre como ele é fiado e como a corda é dobrada.

Fiação

Cada pedaço de linha que usamos precisa ser torcido. Para nossa sorte, o fio e a meada que normalmente usamos já sofreram esse processo. Pegar um pedaço de lã ou linho curto e fraco e transformá-lo em um fio contínuo e forte traz a primeira energia ao material.

O fio é criado girando pequenos pedaços de fibra vegetal ou animal em um movimento contínuo. Você já viu uma pessoa fiando à mão? É hipnotizante. Uma mão alimenta as fibras na linha enquanto a outra mantém o eixo girando. O fio se alonga na frente de seus olhos – é algo mágico de se observar.

Há tantos fios comerciais e feitos à mão disponíveis que nunca precisamos fiar os nossos. Se você estiver interessado em fazer o seu próprio, é um ofício acessível que é relativamente fácil de aprender e muito divertido de fazer com os amigos. A fiação manual requer um objeto chamado *fuso*, que costuma ser barato e fácil de encontrar. A fiação também pode ser mecanizada com uma roda giratória. Uma roda é definitivamente um investimento, são peças bonitas que têm uma aparência bastante dramática. Quando entro em uma sala de estar e vejo uma roda girando no canto, sei que estou na presença de um artista de fibra. Há várias lojas de fios e associações de tecelagem que oferecem aulas e muitos livros e vídeos on-line podem ensinar o básico.

A forma da torção

Aqui estão algumas informações técnicas sobre como as formas giratórias entrelaçam. O fio que você compra já tem uma torção. Acontece que essa torção tem uma direção e um nome.

Seja girando à mão ou em uma roda, a linha deve girar em uma única direção ou as fibras não se encaixarão corretamente. Se você for destro e girar com a mão, girará automaticamente o fuso no sentido horário. Isso cria uma torção chamada torção direita ou *torção Z*, porque, quando você olha de perto, as fibras parecem se estender ao redor do núcleo do fio na forma da letra Z. Uma torção no sentido anti-horário é chamada de torção esquerda ou *torção S*, porque as fibras assumem a forma da letra S.[24]

---

24. Austin, *Hand Spinning*, "S or Z?"

Torções S e Z

Embora quem trabalha com fibras ame aprender sobre esse tipo de coisa, não é necessário que você se lembre ou tenha um entendimento profundo sobre isso. O que é importante aqui é a ideia de que torcer é a base da magia com cordas e o primeiro ato mágico. Este material se torna um talismã quando trabalhamos com ele e o abençoamos.

Fio de medição

O primeiro passo para trabalhar com uma corda é medir o fio. É claro que é possível usar uma régua para estender um pedaço de barbante, mas também pode-se usar seu próprio corpo para calcular rapidamente o material de que precisa. Antes dos padrões e das fitas métricas, as pessoas usavam partes do corpo para estimar os comprimentos. Se você conhece sobre cavalos, sabe que a altura deles é medida com as mãos. Os vendedores de tecidos medem os tecidos pelo quintal. Os marinheiros verificam a profundidade da água em braças.

Aqui está a lista de medidas de partes do corpo.[25]

---

25. Klein, *The Science of Measurement*.

Referência rápida
MEDIDAS

Polegada: a largura do polegar.

Mão: a largura da palma da mão.

Palmo: o comprimento da mão, medida do pulso até a ponta do dedo médio.

Pé: o comprimento do pé, do calcanhar até a ponta do dedão.

Cúbito (*ou côvado*): o comprimento do antebraço, desde o cotovelo até a ponta do dedo médio.

Jarda: o comprimento medido do nariz até a ponta do dedo médio do braço estendido.

Braço: o comprimento dos braços estendidos de um dedo do meio até o outro.

Essas são as origens das medidas mais conhecidas. À medida que essas medições se tornaram padronizadas com o tempo, elas sofreram alguns ajustes e podem não medir exatamente como antes. Por exemplo, não há muitos pés com trinta centímetros! É provável que suas medidas sejam menores do que as medidas padrão listadas na tabela a seguir.

Você pode decidir medir o comprimento do fio meticulosamente usando fita métrica ou padrões estabelecidos. Se você sabe como usar suas próprias medições, será muito mais rápido e vai ter sempre suas ferramentas de medição à mão. Também é útil saber como seu corpo mapeia as medidas padrão. Então saberá por que suas cordas são sempre um pouco mais longas ou mais curtas do que o esperado. Por exemplo, o comprimento da minha jarda é 79 cm, não 91,44 cm.

A seguir está a primeira planilha. Ao longo deste livro, as planilhas vão permitir que descubra suas próprias referências para projetar suas cordas. Para esta primeira, você deve encontrar suas próprias medidas. Use uma fita métrica para se medir ou peça para um amigo fazer as medições (o último é mais fácil e um pouco mais preciso).

Planilha
MEÇA A SI MESMO

Unidade	Padrão (cm)	Sua medida pessoal
Polegada	2,54	
Mão	10,16	
Palmo	22,00	
Pé	30,48	
Cúbito	44,70	
Jarda	91,44 (3 pés)	
Braço	182,88 (6 pés)	

Meu cúbito tem 40,50 cm, minha jarda tem cerca de 78,70 cm e meu braço, 170 cm. Eu tenho braços curtos! Quando meço fios para magia de cordão, faço os comprimentos cerca de cinco centímetros mais longos para compensar.

Agora que você tem suas medidas, está pronto para fazer sua primeira corda.

Cordões de fio único

A forma mais simples de magia com as cordas é um cordão de uma única cor. Com um barbante tingido, você pode fazer uma bênção. Para magia de fio único pode usar fio de bordar, fio de tricô ou até mesmo fio de cozinha. O importante é que o material que escolher tenha um significado para você.

Use qualquer material que já possui. Os fornecedores de tecidos e artesanato oferecem uma grande variedade de fios coloridos e fios de bordar. Muitas pequenas empresas de artesanato doméstico vendem lã fiada e tingida à mão e até linho. Será fácil encontrar uma seção de fios em uma mercearia local.

O material que vai usar pode ser de qualquer tamanho. Um fio mais fino, como o fio de bordar, é mais frágil, porém mais fácil de esconder. Os fios vêm em vários tamanhos, de muito finos a volumosos. Um peso médio funciona melhor para um cordão que você vai usar no pulso ou para segurar um pingente.

Feitiço

PROTEÇÃO DE LINHA VERMELHA

Para este feitiço, use uma corda vermelha. Para criar o cordão, você medirá, limpará, abençoará e amarrará a corda.

Medir: primeiro, meça o comprimento da corda. Para este rito, use um côvado (ver instruções sobre medidas nas páginas 30 e 31).

Limpar: em seguida, polvilhe com água. Diga: "Esta corda é limpa com água para se adequar ao meu propósito".

Abençoar: segure a corda entre as mãos. Diga: "Este cordão me protege e me abençoa". Se for um presente, substitua o nome do destinatário: "Este cordão protege (nome) e abençoa (nome)."

Amarrar: a ligação está completa quando as duas extremidades são atadas juntas. Como usar:

- Peça a um amigo para amarrá-lo em seu pulso, enrolando-o algumas vezes e dando um nó.
- Dê um nó e use-o no pescoço.
- Coloque-o em uma pequena bolsa e carregue-o no bolso ou na bolsa.

Para dar de presente: embrulhe-o em lenço de papel, coloque-o em uma pequena caixa ou sacola e escreva um cartão com sua bênção para o recebedor.

⚬──────⚬

Usar uma corda vermelha para proteção é quase universal. Por que vermelho? É a cor do sangue. O bebê no útero é amarrado à mãe por meio de um cordão sanguíneo. O sangue torna nossa pele rosada enquanto estamos vivos. Soldados feridos sangram no campo de batalha. Vermelho é a cor da vida. Quando um cordão vermelho é fechado, ele forma um círculo, um dispositivo de proteção em quase todas as culturas humanas.

Feitiço
BÊNÇÃO DIVINA

É possível usar um único fio para transportar as bênçãos das divindades. Se você já participou da cerimônia hindu chamada *puja*, pode ter visto esse ritual na prática. Durante o ritual, os participantes às vezes colocam fios vermelhos e dourados nas estátuas das divindades, e então pegam esses fios e os usam quando a cerimônia está completa.

Para este rito, você convida a presença divina a um espaço físico, um altar, que pode incluir uma imagem ou estátua da divindade. O ritual "carrega" ou transfere energia do altar para a corda.

Selecione a divindade: pode ser uma Deusa, um Deus ou outra divindade que seja da sua preferência. Você também pode usar isso como uma oportunidade para estabelecer um relacionamento mais próximo com essa divindade.

Escolha a corda: assim como na bênção do cordão único, qualquer fio que já esteja com você pode ser usado ou pode comprar uma meada nova, podendo ter qualquer tamanho. A cor pode ser aquela que a divindade está associada. Se não tiver certeza de qual é, pode usar o vermelho. Meça e corte cerca de 18 polegadas do material ou o comprimento de um antebraço.

Monte o altar: em uma pequena mesa ou prateleira, monte uma estátua ou imagem da divindade. Coloque uma pequena vela na frente da estátua e tenha um isqueiro por perto. Coloque a corda que você mediu no altar.

Invoque a divindade: sente-se em frente ao altar. Faça três respirações profundas. Veja e sinta-se conectado à terra. Agora, concentre-se na estátua ou na imagem. Coloque as mãos juntas no centro do coração e curve-se levemente. Diga: "(Nome da divindade), por favor, esteja presente aqui comigo." Veja e sinta uma luz se fixando na imagem. A luz pode ser dourada ou da cor que você escolheu para a corda.

Comunique-se com a divindade: agora você pode falar com a divindade para pedir um desejo específico, como proteção ou saúde, ou para pedir bênçãos gerais. E pode também agradecer à divindade por sua presença em sua vida.

Energize a corda: coloque o comprimento do cordão na imagem ou na estátua. Diga: "(Nome da divindade), por favor, me abençoe." Veja e sinta a luz na imagem penetrando na corda.

Libere a divindade: coloque as mãos juntas no centro do coração e curve-se levemente. Diga: "(Nome da divindade), obrigado por sua presença."

Transporte o fio: use o fio em volta do pulso e dê um nó, carregue-o próximo à pele ou coloque-o no bolso ou na bolsa.

No ritual hindu, a divindade geralmente é apresentada com uma oferenda. Você também pode, opcionalmente, fazer esta parte do ritual. As ofertas incluem líquidos (água e vinho), comida (pratinhos de frutas, queijo e doces) e incenso. Se não tiver espaço ou tempo para fazer uma oferta física, pode fazer isso na imaginação. O importante é fazer a oferta com o coração sincero e vontade genuína.

Se estiver usando o cordão em volta do pulso, poderá usá-lo até que ele caia. Na prática, isso pode levar muito tempo. Alternativamente, quando estiver pronto para parar de usá-lo, você pode retirá-lo com cuidado de sua mão. Tente evitar cortá-lo, se possível, pois isso quebra a energia do cordão. Se tiver que fazer isso, veja e sinta a divindade na sua frente e diga: "Obrigado por suas bênçãos".

Cordões Torcidos

Temos falado sobre magia de cordões simples. Ao usar vários fios, eles devem ser combinados de alguma forma, e a maneira mais simples é torcê-los juntos.

Aqui está uma explicação simples: torça dois ou mais fios juntos até que comecem a dobrar. Em seguida, dobre os fios ao meio e solte. Os fios se enroscarão. Dê um nó nas duas pontas soltas e pronto!

A Ciência do Plying Yarn[26]

Aqui estão mais alguns detalhes para artesãos e praticantes de magia. Você pode pular para a próxima parte se quiser ir direto para fazer um cordão.

Os fios que compramos em lojas muito raramente são compostos de apenas um fio; quase sempre tem pelo menos duas camadas. Um único fio tende a ser frágil, enquanto a dobra resulta em um fio mais forte. Para dobrar um fio, você torce dois ou mais fios juntos. Aqui está a parte legal: você os dobra na direção oposta daquela em que foram originalmente girados.

Lembre-se da parte onde expliquei que cada fio tem uma torção Z ou uma torção S. Se a linha for direita ou com torção Z, você a dobrará no sentido anti-horário; se a linha for à esquerda ou com torção em S, dobre-a no sentido horário. Como a maioria de nós é destra, a linha geralmente é girada para a direita e dobrada para a esquerda.

A confecção de cordas funciona com o mesmo princípio do trabalho. O material da corda, geralmente cânhamo ou náilon, é torcido e dobrado sobre si mesmo em uma hélice espiral. A hélice gira na direção oposta da torção original.[27]

---

26. *Plying Yarn* é uma técnica para criar fios de múltiplas camadas utilizando o entrelaçamento de fios de camadas únicas, resultando assim em um fio bem mais resistente. Caso tenha interesse em conhecer mais sobre a técnica, você pode procurar por alguns vídeos na internet.
27. Bohr, "The Ancient Art of Laying Rope."

Ply cria a torção

Aproveitamos as propriedades físicas do uso da magia com as cordas. Depois que dois ou mais fios são torcidos juntos, se nos descuidarmos, eles se soltarão, mesmo se os amarrarmos nas duas pontas. O truque é dobrar a corda torcida ao meio. Agora as metades se espelham – o giro de uma metade está indo na direção oposta da segunda metade. Quando soltá-los, eles se enroscam automaticamente.

A corda feita de cânhamo mantém sua forma quando é dobrada contra si mesma, mas um pequeno pedaço de fio torcido tende a se desfiar. Para evitar isso, atamos as duas pontas.

Quando dobramos uma corda torcida ao meio, perdemos metade do comprimento, portanto, pense que é preciso medir o dobro dos fios de que precisa para o comprimento final do cordão. Na prática, porém, medimos três vezes mais. Por quê?

Há um limite físico para a quantidade de fio que pode ser torcido. Tecnicamente, isso é chamado de configuração de torção zero. Pode-se dizer que atingiu esse limite quando o cordão começa a se dobrar. Quando um fio atinge essa configuração, ele é exatamente 68% mais curto do que começou. Você não precisa se lembrar disso; tudo que precisa saber é que a torção reduzirá o comprimento do fio em cerca de um terço.

Para recapitular: perde-se metade do comprimento do fio ao dobrar e outro terço ao torcer. Você precisará de espaço para o nó e, se decidir dar um nó na extremidade dobrada, perderá algum comprimento lá também.

> **Dica:** meça os comprimentos do fio três vezes maiores do que pretende ter com o cordão finalizado. Você vai acabar com um pouco mais do que precisa, o que é fácil de cortar – basta fazer um nó onde deseja o comprimento final e cortar o excesso.

TORCENDO UMA CORDA

Essa técnica cria um cordão em minutos.

Medir: primeiro, meça os fios. Conforme mencionado anteriormente, cada fio deve ter cerca de três vezes o comprimento desejado da extremidade do cordão. Portanto, se você estiver fazendo uma corda de 30 centímetros, os fios individuais precisam ter cerca de um metro de comprimento. A menos que indicado de outra forma, os cordões neste livro pedem fios que tenham uma jarda (36 polegadas) ou aproximadamente o comprimento da ponta do dedo estendido até o nariz. Organize os fios, de dois a quantos quiser. Usar mais fios torna um cordão mais grosso. Amarre-os em cada extremidade com um nó. Ao colocá-los para fora, você terá um comprimento de cordas amarradas com um nó em ambas as extremidades.

Amarrar: amarre uma extremidade a um objeto resistente, como uma perna de mesa ou puxador de gaveta, com um nó solto, fácil de desamarrar mais tarde. Outra opção é dar um nó apertado na alça da gaveta e, em seguida, dar outro nó bem próximo a ele. Para soltar a corda completa, corte entre os dois nós, em seguida, limpe o nó na alça da gaveta, soltando-o ou cortando-o. Você também pode amarrar os fios em uma extremidade de um gancho em S e usar a outra extremidade para prender em uma alça de gaveta.

Torção: dê um passo para trás até que os fios estejam esticados em seu comprimento total. Pegando o nó mais distante em suas mãos e mantendo os fios firmes, gire o cordão nas próprias mãos. Os fios começarão a se enrolar juntos. À medida que eles enrolam, você notará uma tensão crescente nos fios. Eventualmente, ele começará a se dobrar. Esse é o sinal de que já foi distorcido o suficiente.

Amarrar

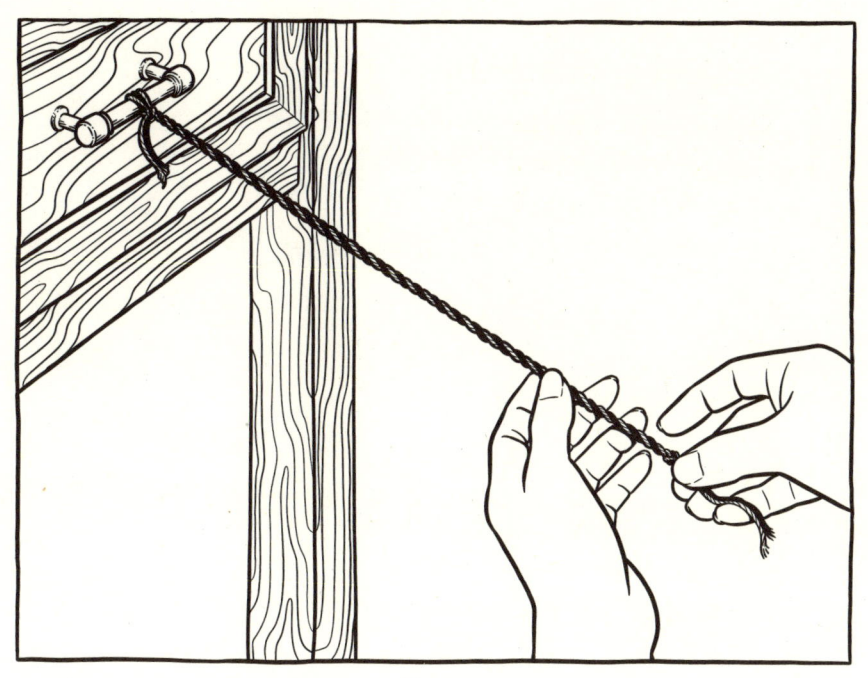

Torção

Dobra: segure o cordão até a metade do comprimento com uma mão. Mantendo a tensão na corda, traga o segundo nó de volta ao nó amarrado à perna da mesa ou ao puxador da gaveta. Segure as duas pontas com os nós juntas em uma mão. Agora você dividiu o cordão pela metade. Em uma mão, você segura as duas pontas com os nós; na outra, segura uma extremidade sem nó (um laço). Não deixe cair ainda! Pode levar uma sessão de prática ou duas para aprender como juntar as duas pontas e evitar que se torçam antes de você estar pronto.

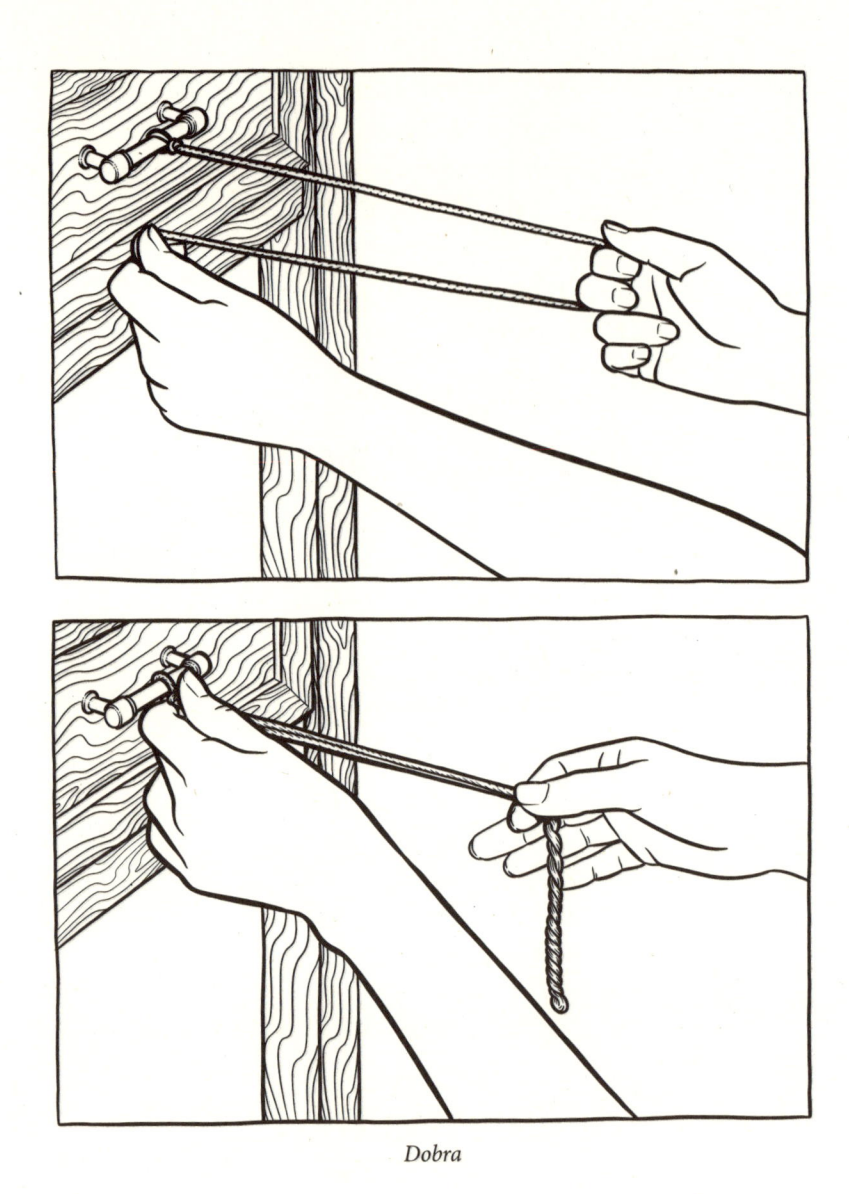

Dobra

Ainda segurando as duas pontas com os nós juntas, solte a ponta sem nós. O cordão vai se torcer.

Desamarrar e dar um nó: alise o cordão para que a tensão seja uniforme ao longo de seu comprimento. Desamarre a ponta com os nós do objeto que a segurava. Dê um novo nó nessa extremidade em torno dos nós originais para manter a torção.

É isso – você fez seu cordão!

Se você nunca fez isso antes, pode usar fios baratos ou rasgados para praticar. Fazer isso apenas algumas vezes irá ensiná-lo a controlar a tensão para fazer um cordão mais apertado ou mais frouxo. Em geral, você desejará manter o cordão firme o suficiente, segurando-o com firmeza e puxando-o firmemente para longe do ponto de ancoragem. Você pode distribuir a tensão ao longo do cordão, segurando-o com uma das mãos e acariciando o ponto de ancoragem com a outra.

A direção da energia

Girar e torcer a fibra transmite energia ao fio. Essa energia tem propriedades físicas que podem ser medidas, como tenacidade (quanta força é necessária para quebrar o fio), segurança da camada (quão bem ela permanece dobrada) e elasticidade (quão elástico é o fio).

Quando torcemos os fios juntos, adicionamos energia, e o resultado é um fio fisicamente mais forte, mas menos elástico do que o original. É também a primeira chance que se tem de direcionar essa energia magicamente, podendo enviá-la para fora de você ou para dentro, em sua direção. Para os propósitos deste livro, você enviará energia quando estiver trabalhando para manifestar e trazer algo para si mesmo, como no trabalho de prosperidade. Você manterá a energia quando estiver trabalhando para mantê-la próxima, como na magia de proteção.

Exercício
ENVIANDO ENERGIA PARA FORA
E MANTENDO ENERGIA DENTRO

Meça três fios. Amarre uma extremidade a uma alça de gaveta usando um nó corrediço ou gancho em S. Você pode torcer o fio nessa posição, girando para a direita ou para a esquerda – à direita envia a energia, à esquerda mantém a energia dentro. Ou pode também virar o corpo de modo que mantenha o fio perpendicular ao seu corpo. Agora pode torcer o fio em sua direção ou longe de você.

Enviando energia: torça o fio para a direita ou para longe de você. Diga: "Eu envio esta energia para o mundo". Isso pode ser dito uma vez, ao iniciar a torção, ou repetir até que a torção esteja completa.

Mantendo a energia: torça o fio para a esquerda ou em sua direção. Diga: "Esta energia me rodeia e me protege". Pode ser dito uma vez, ao iniciar a torção, ou repetir até que a torção esteja completa.

Quando a torção estiver completa, dobre o cordão e dê um nó nas pontas. Ao fazer o nó, diga: "Este cordão está selado".

Torcendo com duas pessoas

Torcer uma corda com outra pessoa foi a primeira maneira que aprendi ao fazer um cordão. É o método mais rápido e fácil, porque você não precisa encontrar um objeto estável para segurar uma extremidade da corda e não precisa fazer um nó corrediço ou encontrar um gancho em S. Este método também permite fazer um cordão mais longo do que se fizesse sozinho.

Exercício
TORÇÃO PARA DUAS PESSOAS

Você pode pedir a um amigo para lhe ajudar a fazer um cordão, ou pode, com um parceiro, decidir fazer um cordão duplo, em que os dois dividirão para que cada um possa ter a magia, como as pulseiras de amizade.

Medir: meça os fios e dê um nó em cada extremidade. Segure uma extremidade com o nó e peça ao seu parceiro para segurar a outra. Afaste-se um do outro até que os fios estejam bem esticados.

Torcer: você está enviando ou mantendo a energia? Depois de decidir, vire o corpo de lado para o parceiro. Cada um de vocês está voltado para a direção oposta. Ambos começam a torcer o fio em sua direção ou para longe de si mesmos. Ambos devem girar na mesma direção – se um de vocês se virar para o lado contrário e o outro também se virar, a corda não enrolará.

Dobra: quando a corda começar a dobrar, peça ao seu parceiro que fique parado. Segure o meio do cordão e passe sua ponta com os nós até a ponta dele. Coloque as duas pontas juntas, tendo o cuidado de manter os fios apertados. Peça ao seu parceiro para segurar as pontas com os nós juntas. Passe a ponta da corda por fora para esticá-la em todo o seu comprimento. Agora solte a ponta e avise seu parceiro para continuar segurando. A corda se enrolará automaticamente.

Nó: amarre as duas pontas com os nós para prender a corda.

Fazendo cordas mais longas

Você pode querer fazer uma corda bem comprida para usar como cinto ou enfeite na roupa, ou para fazer um círculo ao redor de um objeto ou de uma sala. Ao fazer um cordão sozinho, você fica um pouco limitado a usar fios que medem uma braça (o comprimento de seus braços estendidos, cerca de um metro e oitenta). O resultado final será um cordão com pouco mais de 60 centímetros. Trabalhar com um parceiro permitirá que você faça cordões mais longos.

Dobrar um fio longo é um pouco mais complicado do que dobrar um mais curto. Se uma corda tocar o solo, ela não será mais torcida. Portanto, se o comprimento da corda ultrapassar a altura em que você pode manter as mãos acima da cabeça, vai ser preciso encontrar um lugar como uma escada ou um banquinho de altura suficiente para pendurar a corda em todo o seu comprimento.

Com uma corda longa, não solte o fio de uma vez; ele pode não torcer corretamente. Para garantir que a corda enrole suavemente, você pode torcê-la em etapas. Segure um pedaço da corda com as duas mãos e, em seguida, solte a mão mais próxima da ponta do nó enquanto segura com a mão mais perto da ponta dobrada. Continue "subindo" pela corda até torcer todo o comprimento. Com uma corda mais longa, você pode alisar o comprimento do cordão para garantir que a torção seja distribuída uniformemente.

Se você quiser fazer um cordão muito longo, precisará adicionar mais uma pessoa. Veja como adicionar uma pessoa extra ao processo.

Torção de cordas longas

Exercício
TORÇÃO PARA TRÊS PESSOAS

Medir: meça os fios e dê um nó em cada extremidade. Você segura uma ponta com nó e seu parceiro segura a outra. Afaste-se um do outro até que os fios estejam bem esticados.

Torção: você está enviando ou mantendo a energia dentro? Depois de decidir, vire o corpo de lado para o parceiro. Cada um de vocês tem que estar voltado para a direção oposta. Ambos começam a torcer o fio em sua direção ou para longe de si mesmos.

Dobra: quando a corda começar a dobrar, a terceira pessoa entra. Passe a ponta que você está segurando para a terceira pessoa. Agora posicione-se no meio da corda e segure-a. Faça seus dois parceiros caminharem um em direção ao outro até que as duas pontas com os nós se encontrem.

Nó: amarre as duas pontas com os nós para prender o cordão.

Exercício
COMPARTILHANDO UM CORDÃO

Se você decidiu compartilhar a magia, veja como dividi-la. Encontre o meio do cordão e faça dois nós seguros próximos um do outro. Agora corte entre os nós.

Mais pessoas podem criar um cordão juntas? Claro, você pode adicionar quantas pessoas quiser. Eu fiz um cordão com cinco pessoas; usamos o comprimento da casa para esticar. Um grupo de pessoas pode decidir fazer um cordão para um amigo como um presente para proteção ou cura.

Adicionar pingentes e contas a um cordão

Você já comprou um pingente de um artesão em uma feira? O joalheiro pode fornecer um pedaço de cetim preto para pendurar o pingente. Em vez de um cordão simples, alguns joalheiros fazem cordões trançados para adicionar um toque colorido e personalizado. Você também pode fazer isso.

Certifique-se de que tenha uma argola, um pequeno círculo de metal que se conecte ao orifício no pingente. Basta passar o cordão por ali. Se a argola for muito pequena, pode comprar um maior em uma loja de artesanato ou on-line e substituí-la. Amarre o cordão, coloque-o sobre o pescoço e pronto!

Se quiser que fique mais sofisticado, pode comprar fechos de crimpagem. O uso desses fechos permite que escolha seu tipo favorito – anzol, lagosta, barril ou magnético. Puxe os nós em cada extremidade do cordão o mais apertado que puder e, em seguida, corte os fios o mais curto que puder, sem soltar o nó. Insira o nó no fecho e use um alicate para crimpá-lo. Isso transforma seu talismã de cordão em uma obra de arte.

Adicionando um grampo de crimpagem

Você também pode adicionar miçangas a um cordão antes ou depois de torcê-lo. Apetrechos com buracos maiores podem ser inseridos no cordão depois de ser torcido. Para aqueles com orifícios menores, que não cabem em um cordão já finalizado, você pode deslizá-los em um dos fios que mediu para criar o cordão; ele ficará enrolado no fio. Para colocar diretamente na linha, use uma agulha de miçangas ou mergulhe cuidadosamente a ponta do fio no topo derretido de uma vela de cera para fazer uma ponta rígida.

Adicionando miçangas

Dica: mantenha as miçangas juntas no primeiro terço do comprimento do fio. Quando o cordão é torcido e dobrado ao meio, elas vão acabar no lugar certo.

Adicionar enfeites a uma corda traz os elementos de pedra, metal, madeira e cor ao talismã, todos os quais podem aumentar o seu poder. Por exemplo, se estiver fazendo um presente de aniversário para um amigo, pode adicionar enfeites da pedra de nascimento dele, miçangas coloridas para os elementos e planetas ou metais, como prata para a lua e ouro para o sol.

Demora muito mais para descrever como torcer uma corda do que realmente fazê-lo. Este é um dos talismãs mais fáceis de criar; literalmente, leva apenas alguns minutos para medir e torcer a corda. É muito divertido ver o fio girar – é viciante! Adicione experiências com cores e enfeites e você pode acabar fazendo cordões para todos os fins mágicos.

Capítulo 3
Desfazendo um Cordão

O que acontece quando não se precisa mais de um cordão? Talvez ele já serviu ao seu propósito ou ficou tão desgastado que você gostaria de substituí-lo. O praticante responsável deve saber que qualquer magia criada deve ser desfeita apropriadamente. Felizmente, é ainda mais fácil desfazer um cordão do que fazer um – libere a energia e, em seguida, recicle a corda.

Uma opção é reciclar a corda em sua magia. Por exemplo, você pode adicionar um cordão de proteção a uma Garrafa de Bruxa ou outro feitiço de proteção. Pode trançar seus velhos cordões e pendurá-los para se lembrar da magia que realizou, ou entregá-los a alguém que os considere úteis.

Caso decida que terminou completamente com os cordões e prefere aterrar a magia. Primeiro precisará limpar a energia que atraiu em sua vida útil. Um cordão de proteção pode ter captado energia negativa, um cordão de cura pode conter vestígios da doença, um cordão que foi carregado em público pode ter captado energia de pessoas que o manipularam.

Uma vez que o cordão esteja limpo, você precisará liberar a energia mágica que torceu na própria corda. Depois desse ponto, os materiais voltam a ser apenas fibras. Se o fio em si for valioso (por exemplo, feito de ouro), você pode querer mantê-lo para reutilização, podendo optar por reutilizar o material do cordão em um compromisso de reciclagem ou para economizar dinheiro comprando novos fios. Se o material estiver gasto ou se preferir removê-lo de sua vida, pode descartá-lo da mesma forma que manipula qualquer tecido desgastado. Você pode coletar pedaços de tecido para encher travesseiros e brinquedos. Uma opção é doar tecidos velhos para lojas de roupas usadas, que irão reciclá-los em trapos. Jogar materiais fibrosos no lixo é o último recurso, pois eles vão parar em um aterro onde vão demorar para se decompor.

Exercício
LIBERE UM CORDÃO

Limpando:

1. Prepare um recipiente com água. Se puder, use uma vasilha com tampa para carregar a água mais tarde.
2. Polvilhe sal na água. Misture com as mãos, três vezes, dizendo: "A água e o sal purificam e soltam".
3. Agora coloque o cordão na água e diga: "Que você possa ser limpo de toda a energia que reuniu."
4. Reserve a tigela por um dia.
5. Para evitar o contato com a energia que agora está na água, retire o cordão com uma ferramenta, uma pinça ou até mesmo um lápis. Coloque-o em uma toalha de papel.
6. Leve a água para fora e despeje no solo.

Desdobrar: corte as pontas atadas do cordão, dizendo: "Você serviu ao seu propósito, seja lançado no mundo." Alise os fios e desembarace-os até que estejam novamente separados.

Reciclar os fios: se você quiser reciclar os fios, aqui estão algumas opções.

1. Guarde-os para usar em outros projetos mágicos.
2. Colete-os para preencher brinquedos de pelúcia e projetos de artesanato.
3. Adicione-os a uma sacola de doação de brechó com as roupas que você está doando.

Vimos um pouco da história dos talismãs, maneiras de criar cordões e como desfazê-los quando o trabalho estiver concluído. Agora é hora de mergulhar no mundo emocionante do design para atender as necessidades mágicas específicas, usando cor, número, fibra e, o mais importante de tudo: intenção.

Parte 2
O Design do Cordão Mágico

Não é somente quem trabalha com magia que faz uso de cordas. Os artesãos torcem as cordas para pendurar pingentes ou enfeites e os operários as usam para fazer bordas em tecidos. Então, qual é a diferença entre um cordão artesanal e um cordão mágico? O que torna o cordão mágico diferente?

A diferença está em como o cordão é feito. Afinal, você está fazendo mais do que criar algo bonito como decoração. Usando seu conhecimento de magia para fazer escolhas criteriosas em cada etapa do processo, você construirá seu propósito no cordão à medida que avança. Cortando os fios de uma ou mais cores em um determinado número de comprimentos. A cor, o número de fios e o tecido são escolhas que você faz e que têm um significado mágico. Cada escolha pode se harmonizar com o propósito geral da corda.

Nos próximos quatro capítulos, exploraremos cada escolha de projeto em profundidade. Muitas culturas e sistemas mágicos atribuem significado a cores e números; revisitaremos alguns deles como exemplos. Em cada etapa, você preencherá uma planilha que captura suas próprias associações. Use-as para preencher o modelo de design. Depois de concluído, você pode usar o modelo em um projeto para criar e carregar magicamente um cordão.

Essas são as etapas para projetar um cordão.

1. Defina o propósito.
2. Escolha um número ou combinação de números.
3. Escolha uma cor ou combinação de cores.
4. Escolha o material.
5. Decida como o cordão será usado ou amarrado.

Depois que o cordão é projetado, leva apenas alguns minutos para ele ficar pronto.

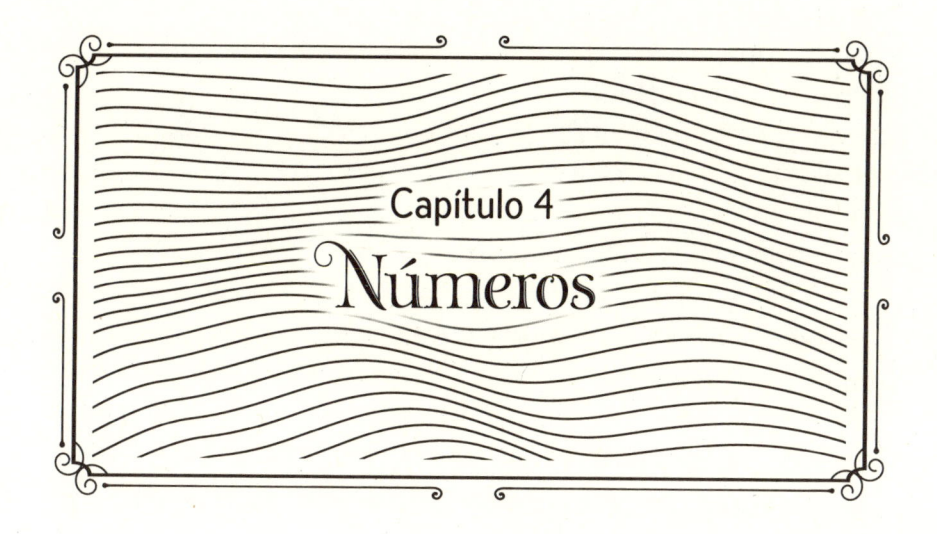

Capítulo 4
Números

P Para projetar um cordão, devemos primeiro decidir quantos fios usar. Se você quiser apenas um número rápido para o design, use três fios. No entanto, o número de fios no cordão pode adicionar outra camada de significado ao formato. Podemos usar a numerologia para alinhar a intenção do cordão com o número da pessoa que o usará. Também podemos acessar associações mágicas comuns.

Não há significado universal para símbolos mágicos. Os significados variam culturalmente e mudam com o tempo. Onde encontramos semelhanças entre culturas, frequentemente descobrimos que essas culturas estavam conectadas por meio do comércio e das viagens, mesmo em tempos muito antigos, a longas distâncias. Dito isso, há uma coisa que quase todos os humanos têm em comum: temos dez dedos das mãos e dez dedos dos pés. Por esse motivo, a maioria dos sistemas de numeração conta até dez. Se você é um dos raros humanos que tem mais ou menos dedos das mãos ou dos pés, isso também faz parte da experiência humana, e você pode usar esse número para personalizar verdadeiramente a sua corda.

Para fins práticos, usaremos entre um e nove fios. Os mais finos requerem mais fios para fazer cordões de bom tamanho; fios mais grossos ficam volumosos rapidamente. Três fios dão volume suficiente para serem notados e também oferecem a oportunidade de trabalhar com três cores, sendo um bom número para usar se você quiser apenas fazer um cordão rápido.

Seus sentimentos sobre os números podem ser influenciados por sua aproximação com a matemática. Algumas pessoas amam os padrões previsíveis que a matemática nos mostra, enquanto outras foram ensinadas a contar mecanicamente e a se ressentir da rigidez. Mas os números são mais do que maneiras de fazer cálculos – eles também têm efeitos emocionais e psicológicos. Quando pensar sobre isso, pode descobrir que os números têm um significado para você. Por exemplo, o número um significa independência, dois significa relacionamento, quatro significa estabilidade. Antes de examinarmos o significado dos números em sistemas mágicos, reserve um momento para anotar seus pensamentos pessoais.

Planilha
OS SIGNIFICADOS DOS MEUS NÚMEROS

Número	Significado
1	
2	
3	
4	
5	
6	
7	
8	
9	

Por exemplo, aqui estão meus valores pessoais: um é unidade, dois é parceria, três é movimento, quatro é estabilidade e cinco é energia dinâmica. Então começo a pensar nos números como múltiplos.

Seis é 2 x 3, que é parceria mais movimento. Uma maneira de entender isso é por meio da ideia hermética "como acima, é abaixo". Sete é o número dos planetas conhecidos pelos antigos. Oito é 2 x 4, estabilidade mais parceria. Finalmente, nove é 3 x 3, a expressão perfeita do desdobramento do movimento.

Não há respostas certas ou erradas – o que quer que os números signifiquem, você é que vai decidir. Você pode usar o significado do número para fortalecer a intenção do cordão. Se estou fazendo um cordão para um novo lugar para morar, posso usar meu significado de quatro para estabilidade e usar quatro fios e quatro cores no cordão. Se procuro um lugar para morar com um parceiro, posso usar oito fios, estabilidade mais parceria. Ou posso fazer um cordão de quatro fios e prender duas contas para as duas pessoas que vão morar lá.

Para referência rápida, aqui está o resumo de alguns significados gerais dos números.

Referência rápida

SIGNIFICADO DOS NÚMEROS

Número	Significado	Formato
1	Unidade	Ponto
2	Parceria	Linha
3	Criação	Triângulo
4	Conclusão	Quadrado
5	Espírito	Pentagrama
6	Espírito materializado	Hexagrama, dois triângulos
7	Planetas	Heptagrama, estrela de sete pontas
8	Roda	Ogdóade, bússola
9	Magia	Enéade, três vezes três

Nossa relação com os números

Você sabe qual é o seu número? A numerologia é uma das artes mágicas mais antigas. Os matemáticos caldeus, da Babilônia, mapearam os números de acordo com as energias espirituais.[28] O filósofo grego Pitágoras via a ordem do cosmos em formas geométricas. As pessoas que trabalham com magia nos dias de hoje ainda usam os sistemas de numerologia caldeu e pitagórico.

A arte da numerologia revela insights sobre sua personalidade, escolhas de trabalho e relacionamentos com amantes, família e amigos. Mergulhar no sistema produz percepções fascinantes. Está além do escopo deste livro explorá-los aqui, mas se você estiver interessado em aprender mais, a bibliografia lista várias ótimas introduções, incluindo *Numerologia para principiantes,* de Gerie Bauer e *Chaldean Numerology for Beginners,* de Heather Alicia Lagan.

Você pode ter pedido para um astrólogo fazer seu mapa astral, que mostra os planetas no céu na época em que você nasceu. Este gráfico indica as circunstâncias que moldarão seu caminho na vida, mas vai depender de você descobrir como a sua jornada de vida pessoal se desenvolverá e o que vai fazer com as influências que o cercaram no momento do seu nascimento. O capítulo "Projetos com Cordas Mágicas", na terceira parte deste livro, inclui algumas ideias sobre o uso de associações astrológicas com cordas.

E pode também utilizar a numerologia para explorar suas influências de nascimento, podendo encontrar seu número pessoal usando sua data e seu nome de nascimento. Ambos mostrarão aspectos da sua personalidade no contexto de suas circunstâncias de nascimento. Se você mudou de nome, pode usar o atual para rastrear como sua personalidade se desenvolveu ao longo de sua vida.

---

28. Lagan, *Chaldean Numerology for Beginners.*

Exercício
ENCONTRE SEU NÚMERO DE NASCIMENTO

Se você já sabe seu número baseado na data de nascimento, pode pular para a próxima etapa. Do contrário, é fácil de encontrar. Some os números do ano, do mês e do dia do seu nascimento. Continue somando até chegar a um único dígito.

Primeiro, some os números do seu ano de nascimento. Se você nasceu em 2001, some 2 + 0 + 0 + 1 para obter 3. Em seguida, some os números do seu mês de nascimento, janeiro a setembro fornecem os números de 1 a 9, outubro é 1 + 0 que resulta em 1, novembro 1 + 1 = 2 e dezembro 1 + 2 = 3. Finalmente, some os números do seu dia de nascimento. Por exemplo, se você nasceu no dia 24, some 2 + 4 para obter 6.

Uma pessoa nascida em 24 de dezembro de 2001 teria um número de ano 3, um número de mês 3 e um número de dia 6. Somando-os, 3 + 3 + 6 = 12. Reduzido a um único dígito, somamos 1 + 2 para obter 3.

Exercício
ENCONTRE SEU NOME DE NASCIMENTO

Se você já sabe o número do seu nome de nascimento, pode pular para a próxima etapa. Caso contrário, veja como encontrá-lo. Use o gráfico de números pitagóricos para somar as letras de seu nome e sobrenome. Veja como calcular "Jane Smith". Para "Jane", você adiciona 1 + 1 + 5 + 5 para obter 12 e 1 + 2 para obter 3. "Smith" 1 + 4 + 9 + 2 + 8 que totaliza 24 e 2 + 4 = 6. Agora adicione 3 + 6 para obter 9. Você pode escolher adicionar seu nome do meio se usá-lo na vida diária, por exemplo, "Mary Jane".

Gráfico Numérico Pitagórico

1	2	3	4	5	6	7	8	9
A	B	C	D	E	F	G	H	I
J	K	L	M	N	O	P	Q	R
S	T	U	V	W	X	Y	Z	

Se Jane Smith nasceu em 24 de dezembro de 2001, seu número de data de nascimento é 3 e seu número de nome de nascimento é 9. Uma maneira de pensar sobre isso é que o número da data de nascimento nos mostra a estrutura original da personalidade e o número do nome de nascimento nos mostra a meta de desenvolvimento pessoal que temos em nossa vida. Nossa data de nascimento mostra quem erámos quando estávamos começando, nossa essência, e nosso número de nome de nascimento mostra quem estamos nos tornando. Estudar seus números pessoais pode mostrar seus pontos fortes e fracos.

O que veremos agora é um gráfico muito simples, que fornece as características de cada número.

Referência rápida
CARACTERÍSTICAS DO SEU NÚMERO PESSOAL[29]

Número	Caráter	Força	Falha
1	Líder	Faz acontecer	Arrogante
2	Atencioso	Se dá bem com todos	Deixa outros dominá-lo
3	Criativo	Artista, humorista	Disperso
4	Construtor	Responsável	Rígido
5	Aventureiro	Aberto a novas experiências	Vícios
6	Pacificador	Nutridor e gentil	Se doa demais
7	Pensador	Busca pela verdade	Muito crítico
8	Visionário	Generoso e ambicioso	Deixa os outros de fora
9	Sensitivo	Se importa com o mundo	Implacável

29. Essas associações são resultados de meus estudos e experiências. As fontes que usei estão em Bauer, Larock e Maanasvi — meu favorito. Recomendo fortemente explorar uma dessas referências mais profundamente.

Como sabemos que Jane Smith nasceu em 24/12/2001, o que torna o 3 o seu número pessoal, podemos esperar que ela seja uma pessoa criativa. Ela gosta de fazer muitas coisas e adora estar com os amigos, tem tendência a ser dispersa, o que a leva a se atrasar para seus encontros. Também sabemos que seu nome a torna um 9, então sua natureza criativa vai tornando-a mais sensível com o tempo. Ela pode usar sua arte para chamar a atenção para causas com as quais se preocupa. Por ser tão apaixonada, tende a ser crítica sobre as escolhas das outras pessoas.

Se Jane decidisse fazer um cordão para atrair novos amigos, ela poderia escolher três fios para alavancar sua amizade natural. Sua intenção pode incluir uma afirmação de que ela permanecerá com os pés no chão e marcará suas consultas, ou ela pode enviar uma chamada para amigos que são flexíveis sobre o tempo! Se Jamar, amigo de Jane, fizer um cordão de presente para ela, ele pode escolher nove fios para fortalecer sua sensibilidade em desenvolvimento e seu compromisso em melhorar o mundo.

Associações dos números mágicos

Se você já faz uso da magia, provavelmente já está familiarizado com o uso mágico dos números. As Bruxas honram uma Deusa Tripla. A magia celta funciona com três elementos – mar, céu e terra. A magia helenística clássica conta com quatro ou cinco elementos: Terra, Ar, Fogo e Água, formando um quadrado nas quatro direções e se complementado com o quinto elemento, Éter ou Espírito.

Algumas das divindades e associações que aparecerão aqui podem ser novas para você, fique à vontade para passar aqueles que não achar significativos. Você pode descobrir que alguns desses nomes e ideias o intrigam e o enviam por um novo caminho de descoberta mágica. Uma das melhores coisas sobre a magia é que sempre se pode aprender algo novo, não importa há quanto tempo pratica.

Aqui estão alguns significados de números usados por praticantes em várias comunidades mágicas, assim como algumas ideias sobre como usá-los em seu projeto.

Um: unidade

Um único fio é a magia mais simples. O número um se presta a meditações sobre a unidade, a fonte da criação, independência e autossuficiência. Com um único fio, podemos escolher uma cor e expressar uma intenção.

Dois: parceria

Esta é a primeira combinação. Em um sentido prático, o dois nos permite trazer cores e texturas diferentes para o segmento. Duas coisas diferentes formando uma unidade nos lembram do poder da geração humana, duas pessoas combinando óvulo e esperma para se reproduzir. É o número da polaridade, opostos que ancoram um espaço ou tempo.

Dia	Noite
Céu	Terra
Cima	Baixo
Espírito	Matéria
Amante	Amado

Podemos usar dois fios em um cordão para juntar duas coisas: duas pessoas, uma pessoa e um lugar, um indivíduo e um grupo de pessoas, por exemplo.

Três: criação

A trindade é o primeiro múltiplo verdadeiro. Três inclui combinação, duas coisas combinadas para criar uma terceira. Aqui estão alguns exemplos de três.

Cores primárias: vermelho, azul, amarelo.

Ser humano: corpo, mente, espírito.

Mundo celta: terra, mar, céu.

Elementos alquímicos: sal, enxofre, mercúrio.

Famílias de divindades egípcias: Ísis, Osíris, Hórus (mãe, pai, filho); Khnum, Satis, Anuket (pai, mãe, filha).

Graças: Aglaia (resplendor), Euphrosyne (alegria), Thalia (floração).

Musas: Melete (prática), Mneme (memória), Aoede (canção).

Deuses hindus: Brahman, Vishnu, Shiva.

Deusas hindus: Saraswati, Lakshmi e Kali.

Podemos usar três fios em uma corda para invocar qualquer um desses princípios. Três é especialmente eficaz em *cordões de handfasting* (união de mãos), onde duas pessoas se unem para formar um casamento.

Quatro: conclusão

Multiplique dois por dois e você terá quatro, o primeiro quadrado. O quadrado descreve o Mundo. A sensação de conclusão se presta a ideias que descrevem um lugar ou tempo completo. Aqui estão alguns exemplos:

Quadrantes da bússola: Leste, Sul, Oeste, Norte.

Elementos: Ar, Fogo, Água, Terra.

Cores: amarelo, vermelho, azul, verde.

Horas do dia: amanhecer, meio-dia, pôr do sol, meia-noite.

Estações: primavera, verão, outono, inverno.

Idades dos humanos: infância, adolescência, idade adulta, velhice.

Arcanjos: Rafael, Miguel, Gabriel, Auriel (ou Uriel).

Temperamentos ou humores: sanguíneos, coléricos, melancólicos, fleumáticos.

Ventos gregos: Eurus, Notus, Zephyrus, Bóreas.

Quase todos esses conjuntos de quatro foram colocados em um momento ou outro na bússola dividida para formar uma descrição simbólica do Universo. Por exemplo, o Leste pode ser Ar, amarelo e primavera ao mesmo tempo.

- Leste: amarelo, primavera, Ar.
- Sul: vermelho, verão, Fogo.
- Oeste: azul, outono, Água.
- Norte: verde, inverno, Terra.

Quatro fios em uma corda pode evocar todas as associações de quadrantes, com o vermelho chamando os poderes do Sul, do Fogo e do verão, e assim por diante para todas as cores.

Cinco: Espírito

Cinco é um número primo, o que significa que não é o resultado da multiplicação de qualquer outro número. Como a trindade, o cinco pode representar a unidade, ou seja, quatro coisas se combinando para criar uma quinta. Quatro elementos mais o espírito formam o pentagrama.

Bússola: Leste, Sul, Oeste, Norte e Centro.

Elementos: Ar, Fogo, Água, Terra e Espírito.

Sentidos humanos: visão, audição, olfato, paladar e tato.

Cada um deles pode ser colocado nas pontas do pentagrama. A forma do pentagrama também pode ser vista como um corpo humano, como no desenho "Homem Vitruviano", de Leonardo Da Vinci.

Podemos adicionar outra cor a um cordão de quatro fios para representar o quinto elemento, podemos, por exemplo, adicionar roxo para simbolizar o espírito.

Seis: Espírito na Matéria

Um hexagrama é uma figura de seis lados. Às vezes, isso é representado como dois triângulos entrelaçados, um apontando para cima e o outro apontando para baixo. Juntos, eles formam um símbolo do espírito. O triângulo descendente se manifesta na matéria e o triângulo ascendente alcança o espírito. Seis pode ser quaisquer duas interações de três ou o resultado da adição de dois a quatro. Seis também é o número dos lados de um cubo.

Direções: Norte, Leste, Sul, Oeste, cima, baixo.

Elementos: Ar, Fogo, Água, Terra, Espírito, Matéria.

Superfícies: frente, trás, direita, esquerda, acima, abaixo.

Cores primárias e secundárias: vermelho, amarelo e azul; laranja, verde e roxo.

Cores do arco-íris: vermelho, laranja, amarelo, verde, azul, violeta.

Podemos adicionar uma sexta linha a um cordão de cinco, para trazer o elemento adicional. Por exemplo, em uma corda com amarelo, vermelho, azul, verde e roxo para Ar, Fogo, Água, Terra e Espírito, poderíamos adicionar um fio preto para representar a Matéria.

O arco-íris tem muitas associações. A comunidade LGBTQIA hasteia uma bandeira de arco-íris e sempre carrega pulseiras, cordões, apetrechos nessas cores, podendo expressar solidariedade e orgulho.

Sete: planetas

O sistema numérico pitagórico chama o sete de número perfeito. Certamente é um número mágico! Existem muitos conjuntos de sete. O mais comumente usado é o conjunto de sete planetas conhecidos pelos antigos.

Lugares: sete mares, sete céus, sete infernos, sete maravilhas do mundo.

Planetas: Mercúrio, Vênus, Marte, Júpiter, Saturno, a Lua e o Sol. Astrônomos egípcios e babilônios detectaram sete planetas, estrelas que não permaneceram fixas no lugar, mas que, em vez disso, vagavam pelo céu. Os planetas estão associados às pontas da estrela com sete raios.

Dias da semana: segunda (Lua), terça (Marte), quarta (Mercúrio), quinta (Júpiter), sexta (Vênus), sábado (Saturno). Cada planeta governa um dia, dando assim sete dias da semana.

Direções: Norte, Sul, Leste, Oeste, Centro, cima, baixo. Algumas tradições mágicas invocam sete elementos, criando uma caixa tridimensional ou esfera de energia.

Escala musical: C, D, E, F, G, A, B. A escala musical demonstra as relações matemáticas que governam o cosmos e criam a música das esferas.

Cores do espectro: vermelho, laranja, amarelo, verde, azul, índigo, violeta.

Isaac Newton usou um prisma para dividir a luz do sol em cores primárias e secundárias. Ele adicionou índigo ao arco-íris para trazer o número de cores ao sete mágico.

Poderíamos usar sete tons diferentes de azul para criar um cordão de sete mares, azul e amarelo para criar um cordão de sete céus ou adicionar verde para criar um cordão de sete maravilhas. Em vez de uma corda representando sete "infernos", poderíamos criar uma corda representando as sete portas para o mundo subterrâneo em tons de vermelho e laranja.

Para um cordão representando sete direções, poderíamos usar uma cor de escolha ou atribuir sete cores diferentes. Esse cordão seria uma boa base para um rito de segurança, criando uma esfera de proteção ao redor da pessoa ou do lugar.

Oito: roda

Oito são dois conjuntos de quatro. Quando as direções e as estações dobram, eles criam a roda. As direções cardeais florescem na rosa dos ventos. As quatro estações se transformam na roda do ano. Outro nome para um conjunto de oito é Ogdóade. Oito é o número de lugares onde as linhas do cubo se encontram (vértices).

Direções: Leste, Sudeste, Sul, Sudoeste, Oeste, Noroeste, Norte, Nordeste.

Ventos gregos: Eurus, Apeliotes, Notus, Livos, Zephyrus, Skiron, Bóreas, Kaikias.

Sabbats: Imbolc, Beltane, Ostara, Lammas, Mabon, Samhain, Yule.

Hermopolita egípcio Ogdóade: Nu e Naunet (água), Kuk e Kauket (escuridão), Hu e Hauhet (espaço), Amun e Amaunet (criação).

Oito cores: vermelho, laranja, amarelo, verde, azul, roxo, branco, preto.

Nova bandeira do arco-íris: vermelho, laranja, amarelo, verde, azul, violeta, marrom, preto. A nova bandeira do arco-íris LGBTQIA adiciona as cores marrom e preto para incluir pessoas de cor.

Assim como dois cria polaridade e quatro cria um quadrado, oito cria uma bússola. Podemos dividir um quadrado ou um círculo em oito seções para descrever as oito direções. Os Sabbats dispostos na bússola criam a Roda do Ano.

Criando cordas com oito fios, podemos usar uma cor para representar o conjunto ou oito cores para representar cada uma das energias específicas do conjunto. Também podemos desenvolver a ideia de conjuntos de dois e quatro. Para as direções, podemos usar amarelo para Leste, vermelho para Sul, azul para Oeste e verde para Norte e, em seguida, uma cor intermediária para as outras direções: laranja para Sudeste, azul-avermelhado para Sudoeste, azul-esverdeado para Noroeste e verde-amarelado para o Nordeste.

Nove: Magia

Nove é o número da magia. Ele contém a potência de todos os números antes que o novo conjunto comece com dez. É três vezes três, multiplicando a potência de cada número três vezes. Uma forma com nove lados ou um conjunto de nove itens é uma Enéada.

Musas gregas: Calíope (poesia épica), Clio (história), Euterpe (poesia lírica), Tália (comédia), Melpômene (tragédia), Terpsícore (dança), Erato (poesia de amor), Polímnia (poesia sagrada), Urânia (astronomia).

Enéade Heliopolitano Egípcio: Atum, Shu, Tefnut, Geb, Nut, Osíris, Set, Ísis, Nephthys.

Nórdico (mundos): Asgard, Alfheimr, Niovellir, Midgard, Jotunheimr, Vanaheimr, Niflheim, Muspelheim, Hel.

Nove cores: vermelho, laranja, amarelo, verde, azul, índigo, violeta, branco, preto.

Para criar cordões com nove fios, podemos usar uma cor, três fios de três cores cada ou nove cores diferentes. Nove está no limite prático para o tamanho de uma corda e para administrar as associações.

Agora que vimos a numerologia e as associações de números mágicos, este é um bom momento para revisitar a planilha "Os significados dos meus números". Você tem novas ideias sobre alguns dos números? Como pode ver, uma das maneiras mais importantes de expressar números ao projetar um cordão é escolhendo as cores para representá-los. A cor é o próximo elemento de design que iremos explorar.

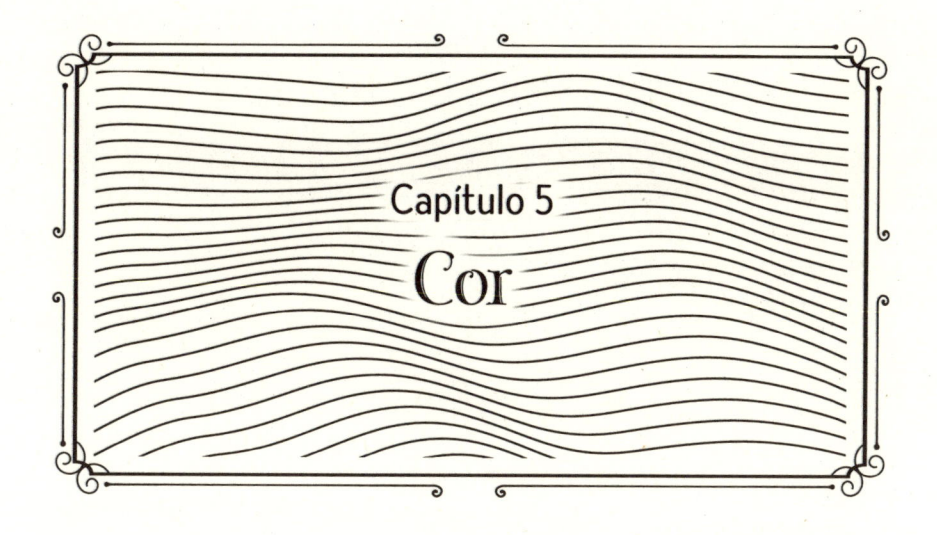

Capítulo 5
Cor

cor é uma das ferramentas mais fascinantes do kit de instrumentos mágico. Para a magia com cordas especificamente, a cor é uma das decisões de design mais importantes que podemos fazer.

Os significados das cores variam culturalmente e mudam ao longo do tempo. Quais cores são as certas para usar? A resposta mais importante é: quaisquer que você escolher. Dito isto, a cor desenvolveu o significado cultural. Sombras encontradas na natureza, frequências de luz, história dos corantes e as cores dos planetas. Vamos olhar para esses significados para cada uma das cores no espectro mágico.

Enquanto os números podem parecer abstratos e cerebrais, a cor é visceral. Basta olhar para uma parede azul ou usar uma jaqueta vermelha que se evoca instantaneamente a emoção. Nós sabemos de quais cores gostamos de nos cercar e quais gostamos de usar. E sabemos também quais cores e combinações não suportamos! Antes de examinarmos algumas das associações culturais com a cor, tiremos um momento para registrar suas associações pessoais.

Planilha
OS SIGNIFICADOS DAS MINHAS CORES

Cor	Meu Significado
Vermelho	
Laranja	
Amarelo	
Verde	
Azul	
Violeta	
Roxo	
Branco	
Preto	

Seus significados de cor serão exclusivos para você. A questão cultural também atribui significado à cor e a linguagem que falamos reflete algumas dessas associações. Um amigo leal está com "tudo azul", uma pessoa com raiva está "vendo tudo vermelho", um romance florido é escrito em "prosa roxa". A magia também atribui significado às cores através de suas associações com os elementos e os planetas.

Livros inteiros foram escritos sobre cada cor do arco-íris; nós exploraremos brevemente alguns dos efeitos físicos da cor, incluindo a história dos corantes e o corpo físico da cor.

O arco-íris nos fornece uma paleta de cores de linha de base para criar cordas. Expandir essa paleta nos dá alcance adicional. Cada projeto neste livro pode ser criado com a paleta de cores expandidas.

Para referência rápida, aqui está o resumo dos significados das cores que vamos explorar.

Referência rápida
SIGNIFICADOS DA PALETA DE CORES DO ARCO-ÍRIS

Cor	Significado	Elemento	Planeta
Vermelho	Vida, sexo, amor	Fogo	Marte
Laranja	Excitação	Fogo	Mercúrio
Amarelo	Luz, alegria	Ar	Sol
Verde	Terra, cura	Terra	Vênus
Azul	Paz, trabalho	Água	Júpiter
Roxo	Poder, successo	Espírito	Lua
Branco	Neutro	Espírito	Lua
Preto	Neutro	Espírito	Saturno

Referência rápida
SIGNIFICADOS DA PALETA DE CORES EXPANDIDAS

Cor	Significado
Vermelho-claro	Amor
Vermelho	Paixão
Vermelho-escuro	Sangue da vida
Laranja-claro	Comunicação
Laranja	Excitação
Laranja-escuro	Proteção
Amarelo-claro	Otimismo
Amarelo	Felicidade

Cor	Significado
Amarelo-escuro	Inspiração
Verde-claro	Crescimento
Verde	Saúde
Verde-escuro	Prosperidade
Azul-claro	Alívio
Azul	Paz
Azul-escuro	Confiabilidade
Roxo-claro	Aspiração
Roxo	Poder
Roxo-escuro	Successo
Vermelho-alaranjado (coral)	Esperança
Amarelo-alaranjado (âmbar)	Confiança
Amarelo-esverdeado (*chartreuse*)	Imaginação
Vermelho-púrpura (magenta)	Compaixão
Azul-esverdeado (turquesa)	Sabedoria
Azul-púrpura (*periwinkle*)	Serenidade
Bege	Mundo natural
Rosa	Amor romântico
Marrom	Suporte
Branco	Neutro
Cinza	Neutro
Preto	Neutro

Nossa relação com a cor

O que é cor?[30]. Podemos definir por cor:
- Um comprimento de onda de luz.
- Uma propriedade física.
- Uma percepção humana.

A luz solar é um comprimento de onda da luz. Reagimos à luz e também a cores específicas. Essas reações são respostas físicas que podemos medir. Primeiro que o corpo humano precisa da luz solar.[31] Quando ficamos expostos ao sol, nossa pele sintetiza vitamina D, da qual precisamos para formar ossos fortes. A exposição à luz solar ajuda a prevenir tuberculose, diabetes, hipertensão e algumas formas de câncer. A luz solar também regula a produção de melatonina em nosso corpo, o que interfere na nossa capacidade de dormir.

Os raios solares contêm todas as cores do espectro. Acontece que nossos corpos têm uma reação fisiológica a cores específicas.[32] A luz estimula o sistema nervoso humano, que controla a temperatura corporal e a pressão arterial e também afeta as glândulas que regulam a produção de hormônios. A maneira como reagimos à luz depende de sua cor. A luz vermelha aumenta a pressão arterial e estimula a produção de hormônios. A luz azul diminui a pressão arterial e deprime a produção de hormônios. É por isso que descrevemos o vermelho, o laranja e o amarelo como quentes e estimulantes; e o verde, o azul e o violeta são frios e calmantes.

A cor é um comprimento de onda da luz e também uma propriedade física. É difícil para nós hoje pensarmos em cor como propriedades físicas, porque fazemos quase todos os objetos de quase todas as cores. Pessoalmente, meu guarda-roupa é um arco-íris! Posso comprar o mesmo par de calças em ferrugem e marrom, marinho e cinza. Minhas camisas variam do amarelo brilhante ao preto sombrio. Tenho vestidos de verão estampados com flores que rodopiam a saia em todas as cores.

---

30. Linda Holtzschue, *Understanding Color*, em "Color as Language, from Name to Meaning".
31. Mead, "Benefits of Sunlight".
32. Linda Holtzschue, *Understanding Color*, em "Physiology, Responding to Light".

Até meados da década de 1880, as roupas do dia a dia eram limitadas a cores monótonas ou opacas. Então, quando um químico sueco chamado Carl Scheele tropeçou em uma tinta que criou um tecido verde brilhante, o mundo vitoriano enlouqueceu por ela. Ao longo dos anos de 1800, o "Verde de Scheele" apareceu em papéis de parede, vestidos e luvas femininas e até em roupas infantis. Infelizmente, a tinta que criou a cor continha arsênico – que é venenoso! Colocar as mãos em um daqueles par de luvas podia causar bolhas, e escovar o papel de parede podia causar enjoo. O próprio Scheele morreu de envenenamento por arsênico, aos 43 anos.[33] Por mais popular que se tenha se tornado, o corante Verde de Scheele foi proibido no final do século 19.

Essa história mostra até onde as pessoas estão dispostas a ir pela cor. Antes da invenção dos corantes sintéticos, era difícil encontrar roupas brilhantes – nossa paleta se limitava aos corantes feitos de plantas, animais, minerais e metais. Por exemplo, as pessoas comumente extraem o azul do woad (*Isatis tinctoria)*, o amarelo da camomila ou da cebola, o roxo dos caracóis, o vermelho ou roxo da beterraba ou de insetos triturados.

Quando se trata de tecido, a cor é uma substância física. A tintura é o corpo da cor. Quase todos os corantes das plantas desbotam com a luz do sol, na lavagem ou simplesmente com o passar do tempo. Apenas algumas substâncias fornecem um corante que é resistente à cor e à luz, o que significa que sobreviverá à luz direta e à água e não desbotará com o tempo. Você já ouviu a frase "azul verdadeiro"? Essa frase originalmente se referia a um corante de Coventry, na Inglaterra, que resultou em um tecido azul que não desbotava com o tempo.[34]

Os corantes naturais têm histórias profundas, às vezes glamourosas, às vezes sombrias. Antes dos corantes sintéticos, eles estavam entre os itens mais caros de se comercializar – impérios inteiros foram construídos sobre eles e com base no trabalho escravo. A história das estampas vermelhas, azuis e brilhantes está ligada à história do comércio de escravos da Índia, da África e das Américas.

---

33. David, *Fashion Victims*, "A Peculiarly Vivid Green".
34. Taylor, *Coventry*.

Vimos que os corpos humanos respondem à cor da luz e que a cor do tecido é criada a partir de tinturas físicas, baseadas em plantas, animais, minerais e metais, ou são sintéticas. Você pode pensar que isso facilitaria a padronização do significado de cada cor. No entanto, há um grande salto entre o que vemos e o real significado dessa cor. Os cientistas apontam que a cor não diz respeito apenas ao que vemos, mas também ao que entendemos ou sentimos. A percepção física se traduz em significado quando nossos olhos relatam sensações ao nosso cérebro, que por sua vez interpretam o que estamos vendo.

Nossa interpretação da cor é parcialmente baseada em nossas reações biológicas, mas também é afetada pela influência cultural. Os significados das cores variam de cultura para cultura. Na América, as noivas se vestem de branco; na Índia e em muitas partes da Ásia, o vermelho é a cor escolhida, mas ambas as cores simbolizam pureza. No Japão e na China, o roxo é uma cor considerada cara, enquanto na América registram o roxo como barato.[35] Mesmo as cores que identificamos variam entre as culturas. O japonês antigo usa uma palavra, *ao*, para descrever o azul e o verde.[36] E no Japão, semáforos verdes podem ser azuis!

Cada um de nós tem experiências individuais que criam nossas associações próprias com as cores. Sua mãe se recusou a deixar você comprar um vestido rosa porque não combinava com seu cabelo ruivo, então agora você usa rosa com frequência para declarar sua independência. Por outro lado, sua melhor amiga foi forçada a usar vestidos cor-de-rosa quando era menina, quando o que ela queria na verdade era subir em árvores, vestidas de jeans. Para ela, rosa significa opressão. Culturalmente, rosa pode significar diversão – dizemos que somos "rosa com cócegas"!

A cor com a qual nos cercamos pode mudar nosso humor. As cores que vestimos expressam algo sobre nós e também o que queremos atrair. Por ser tão físico e também tão emocional, a cor que escolhemos é um dos fatores mais importantes na determinação do tipo de magia que nossas cordas carregam.

---

35. Marieke de Mooij, *Consumer Behavior and Culture*.
36. Yamada, *The 7 Keys to Communicating in Japan*.

Para entender melhor como podemos trabalhar com esses matizes, podemos dar uma olhada rápida na maneira como vemos as cores e como elas interagem.

Roda de cores

A maneira como vemos a cor natural, a cor da pintura e como ela é processada na tela do computador são processos diferentes.

Vendo a cor

O que acontece quando a luz do sol comum e incolor atinge nossos olhos? Os olhos têm estruturas chamadas "cones" que detectam cores. Destes cones, existem três tipos: um para vermelho, um para azul e um para verde. Então, como vemos todas as outras cores? Cada cone pode realmente detectar um pouco das outras cores e eles podem trabalhar juntos. Os cones vermelhos e verdes trabalhando juntos pode-se ver o amarelo.

A maioria dos humanos é chamada de "tricromatas" porque podem ver as três cores. Alguns de nós são daltônicos e têm problemas para ver uma das cores.[37] Essa cor geralmente é a verde, embora às vezes seja a vermelha ou a azul.

Algumas pessoas raras têm um cone adicional.[38] Isso ocorre apenas em pessoas com dois cromossomos x, incluindo mulheres e pessoas intersexuais. Os tetracromatas veem centenas de cores a mais do que os tricromatas. Podemos vislumbrar o mundo de quatro cones na obra da artista Concetta Antico, que pinta com volumosos redemoinhos de cor.[39] "Cor é poder", diz ela.

Então, como você pode saber que está vendo a cor que as outras pessoas estão vendo? A resposta curta é que você não pode. Você já debateu com alguém a respeito de uma cor? – "Está vendo aquela cor laranja ali?" – "Laranja? Isso é rosa!". Na magia do cordão o que

---

37. Colour Blind Awareness, "Types of Colour Blindness".
38. Ossola, "This Woman Sees 100 Times More Colors Than The Average Person".
39. Antico, "Tetrachromancy".

importa é que, ao escolher uma cor, você saiba o que ela significa para o seu entendimento.

Cor da Pintura

É um pouco surpreendente saber que nossos olhos estão configurados para perceber o vermelho, o azul e o verde – aprendemos na escola que as cores primárias são vermelho, amarelo e azul. Os pintores sabem há muito tempo que misturar essas cores cria as cores secundárias do espectro do arco-íris. Aqui está uma referência rápida.

Referência rápida
CORES PRIMÁRIAS E SECUNDÁRIAS

Cores	Resultado
Vermelho e amarelo	Laranja
Vermelho e azul	Roxo
Amarelo e azul	Verde
Vermelho, Amarelo e azul	Marrom

Quando eu era criança, brincando com aquarelas fiquei muito surpresa quando as cores primárias brilhantes misturadas se transformaram em um marrom lamacento! Essa observação é importante para a magia do cordão porque, quando você torce os fios coloridos, pode obter um resultado que se parece com a mistura deles – fios vermelhos e azuis misturados firmemente podem parecer roxos. Você pode atenuar esse efeito adicionando um fio neutro.

> **Dica:** adicionar fios de cor neutra, como branco ou preto, ajuda a destacar outras cores em um cordão.

Existe outra roda de cores que tem mais combinações de tonalidades. No início do século 20, Albert Munsell expandiu a roda de cores básicas em dez cores.[40]

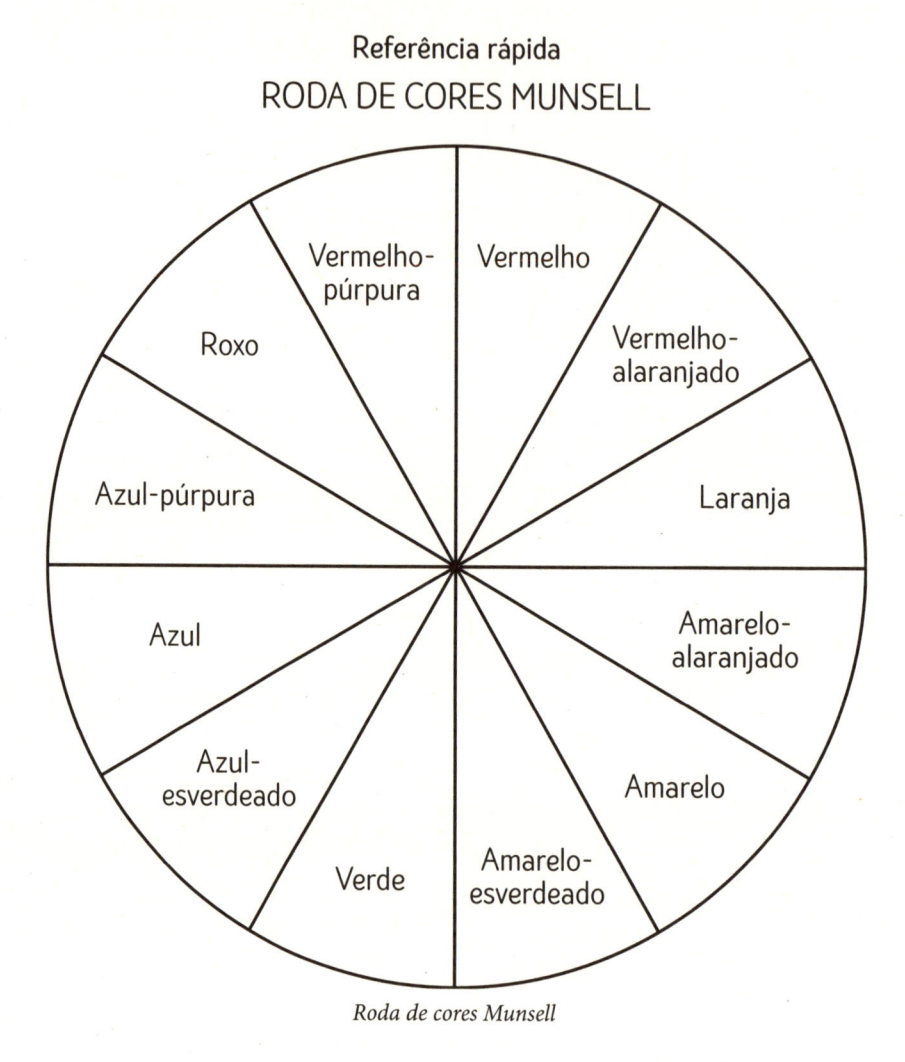

Referência rápida
RODA DE CORES MUNSELL

Roda de cores Munsell

---

40. Munsell, "The Munsell Color Wheel Charts & The Theory Behind Them".

Display Eletrônico e Impressão

Se você já encomendou roupas on-line ou por meio de um catálogo, sabe que a cor que escolheu pode não ser a mesma de quando fez a compra. A maneira como as cores são exibidas na tela do computador ou na página impressa é diferente de como aparecem aos nossos olhos físicos, principalmente à luz do sol. Aqui está uma breve explicação do porquê:

As telas eletrônicas são "pintadas" com luz. Nossos computadores, televisores e monitores usam vermelho, verde e azul para criar todas as outras cores nas imagens. Todas essas cores são atribuídas a um número que informa à página da web qual cor exibir. Esses números especificam quanto vermelho, verde e azul devem ser exibidos para compor a cor.

Existem dois sistemas que especificam o número. O primeiro é "RGB" ou vermelho, verde, azul. Os números RGB (às vezes chamados de valores RGB) especificam a porcentagem desses respectivos a serem exibidos. O número RGB para a cor amarela é R 255, G 255, B 0. O outro sistema é denominado número hexadecimal que, para amarelo, é # FFFF00. Para branco, é #FFFFFF.

São muitos os gráficos que listam os números RGB e hexadecimais de cores – você não precisa calculá-los sozinho! Existem inúmeros gráficos de conversão on-line que traduzem RGB para números hexadecimais. O site da Munsell (www.munsell.com) tem muitos gráficos e postagens em blogs que discutem os sistemas e suas conversões.

As impressoras pintam com tinta. Elas usam as cores ciano, magenta e amarelo. Cada uma delas se sobrepõe a duas cores primárias. Ciano, amarelo e magenta formam o preto, mas é um preto bastante turvo, então as impressoras geralmente adicionam um quarto cartucho de tinta preta, que vem marcado com K em vez de B para evitar confusão com azul. Isso também permite a impressão de texto em preto sem o uso de outras cores. Portanto, o esquema de cores de impressão é CMYK.[41]

---

41. Replica Printing, "Why Do Printers Use CMYK?"

Referência rápida
CORES DA IMPRESSORA

C	Ciano	Azul e verde
M	Magenta	Azul e vermelho
Y	Amarelo	Verde e vermelho
K	Preto	Preto

Aqui está o código CMYK que informa a impressora para imprimir em amarelo:

C	M	Y	P
0%	0%	100%	0%

A gráfica Pantone decidiu padronizar as descrições de cores para que elas impressas pudessem ser reproduzidas de forma confiável. O sistema de cores Pantone cresceu para incluir tinta e tecido também. Todas as cores Pantone são descritas em sistemas RGB, HEX e CMYK. Eles se tornaram uma das principais autoridades em nomes de cores e de como a cor é usada e reproduzida.

O que isso significa na escolha de cores para projetos com cordas e fios? Com o tempo, conhecemos nossos fornecedores. Se você está solicitando um fio de bordado ou uma meada on-line, a empresa quase sempre numera suas cores para que você possa fazer o pedido com segurança. Encomendar fios artesanais é um pouco mais complicado, pois os corantes naturais podem variar muito de lote para lote. Nesse caso, a variação faz parte do charme!

A Paleta de Cores Mágica

A paleta de cores mágicas vem nos tons do arco-íris: vermelho, amarelo, laranja, verde, azul e violeta ou roxo.

Aqui está uma nota sobre os termos de cores usados neste livro. Na escola, você pode ter aprendido que o arco-íris tem sete cores. O que está faltando na lista acima é o índigo. Isaac Newton viu essas cores quando usou um prisma para separar a luz do sol no espectro. Ele queria adicionar mais uma cor para formar o número mágico de sete (para os sete planetas e as sete notas musicais), então ele localizou um tom entre o azul e o violeta e o adicionou ao seu espectro. Newton escolheu a palavra "índigo" para descrever essa cor em homenagem à planta índigo, que dá uma cor azul profunda (uma tintura com história rica e com significado próprio). Neste livro, vamos considerar o índigo como a cor azul.

Qual é a diferença entre violeta e roxo? Newton usou a palavra "violeta" em vez de "roxo". Hoje, o violeta é geralmente usado para descrever uma cor no espectro de luz. Os designers de interiores estudam o violeta com as cores vermelho, laranja, amarelo, verde e azul. No entanto, pintores e designers de moda se referem ao "roxo". Em pigmentos e tinturas, o roxo é uma cor secundária resultante de uma combinação direta de vermelho e azul. Como a magia das cordas está relacionada ao tecido, este livro geralmente usa o termo "roxo" em vez de "violeta".

São tantos os tons de cores que seria impossível listar todos aqui. Cada uma das cores a seguir é, na verdade, uma família de cores. Nós os revisaremos brevemente em termos gerais e depois veremos algumas substâncias corantes naturais e como elas contribuem para o significado cultural da cor.

Vermelho

Essa é a cor da vida. A cor vermelha aparece naturalmente – não preciso muito para atrair a atenção. Um ponto vermelho em uma tela cinza imediatamente chama a atenção. Sempre que vemos vermelho, nos concentramos nele. É por isso que os sinais de trânsito usam vermelho para significar "Pare!".

No mundo natural, estamos rodeados pelo verde das plantas e pelo azul do céu. O vermelho se destaca nesses fundos. A natureza usa o vermelho para chamar nossa atenção para algo importante.[42] Esse

---

42. Humphrey, *The Colour Currency of Nature*.

sinal pode indicar algo perigoso ou útil – um cogumelo venenoso ou uma deliciosa maçã vermelha. Muitas frutas são vermelhas e apenas dizer seus nomes pode evocar seu sabor: cereja, cranberry, morango, framboesa, melancia, pêssego.

A luz vermelha aumenta a pressão arterial e a produção de hormônios. É uma cor apaixonada! Quando nos sentimos atraídos por alguém, nosso coração acelera. Vida e sexo, vida e amor, sexo e amor estão todos intimamente ligados. "Rosas são vermelhas", dizemos, e damos flores vermelhas para mostrar afeto, enquanto um vestido vermelho transmite glamour e é sexy. Quando estamos com raiva, nossos olhos são cobertos por uma névoa vermelha – dizemos que estamos literalmente "vendo vermelho". Quando associado ao vermelho, tudo o que sentimos é com certeza muito forte.

Como vimos, um único fio vermelho é uma das formas mais antigas e comuns de magia com cordões. Vermelho é a cor do sangue: o sangue do parto, o sangue compartilhado pela mãe e o filho, o sangue que se derrama quando nos ferimos. O sangue carrega o ferro no corpo, dando-lhe um sabor metálico, podemos até sentir o gosto de ferro levemente quando vemos a cor vermelha do sangue.

Vermelho é sexo, raiva, guerra, amor, sangue. Enquanto vivemos, o sangue circula em nossos corpos; se perdermos muito sangue, morremos. Sangue é vida, consequentemente vermelho é a cor da vida.

Laranja

Laranja é a cor da excitação. Preso entre o amarelo e o vermelho, ele compartilha muitas de suas características. Quando você lê "pense em algo laranja", qual é a primeira coisa que vem à sua mente? Uma laranja? Isso não é surpreendente. A cor leva o nome da fruta – e a palavra "laranja" foi abreviada do persa *narange* e do espanhol *naranja*. A palavra *narange* poderia ter se tornado "*arange*" em inglês, mas "*orange*" é mais satisfatória, pois nos lembra a palavra espanhola *oro*, que significa "ouro".[43]

---

43. Skeat, *The Concise Dictionary of English Etymology*.

Para o inglês, "laranja" é uma palavra bastante nova. Por esse motivo, essa é a cor do arco-íris com menos sinônimos. Outra razão é que não há muitas coisas que são naturalmente laranjas. A tecnologia tornou possível fazermos vidros, tintas e tecidos em qualquer cor que quisermos, então temos coisas como vasos e roupas laranja. Mas onde essa cor ocorre na natureza? Algumas flores são genuinamente laranjas. Papoulas, tulipas, lírios e margaridas têm variedades de laranja vibrantes. Outras flores listadas como laranja também podem ser classificadas em tons de amarelo ou vermelho.

A versão da cor encontrada mais comumente na natureza é o laranja de baixa intensidade, quase marrom.[44] Existem muitas palavras que descrevem tons de marrom, como "fulvo", "âmbar" e "bronze", para citar alguns. Podemos provar o marrom na canela, no cacau, no café e na castanha. Tons de castanho-claro a bege e castanho.

Se a cor laranja tem uma estação, é o outono. As folhas ficam em tons de vermelho, amarelo e marrom. O trigo amadurece do verde ao dourado.

Laranja é o primo menos extravagante do vermelho, e como tal, é uma cor de destaque na natureza. Não é tão forte quanto o vermelho, sexy e apaixonado, mas ainda chama a atenção. Web designers usam laranja para destacar botões e fazer com que palavras importantes se destaquem. É por isso que essa é a cor da emoção.

Amarelo

Amarelo é a cor da luz solar. Essa luz comum é incolor e ilumina a cor de qualquer objeto que ela reflita. No entanto, nosso Sol é uma estrela amarela que bilha em tons amarelos no céu. Então a luz do sol tem sido associada ao ouro em correspondências mágicas por milênios.[45]

Uma pessoa feliz tem uma disposição alegre. Quando o sol nasce depois de uma tempestade, sabemos que tudo vai ficar bem. Como vimos, nossos corpos precisam da luz do sol; apenas estar em contato com ele pode mudar nosso humor. A felicidade que essa luz solar emite se transfere para a cor amarela.

---

44. Kastan, *On Color.*
45. Australia National Telescope Facility. "The Colour of Stars".

Além de alegre, o amarelo é considerado uma sorte por muitas culturas, provavelmente por sua associação com o valor do ouro.[46] Ao mesmo tempo, o valor da moeda americana era apoiado por pilhas de barras de ouro em um sistema chamado de "padrão ouro".[47] O ouro foi comercializado como um metal valioso ao longo da história. Na verdade, é possível obter fios feitos de ouro, mas como você pode esperar, eles são muito caros. Mesmo os fios que imitam a cor metálica brilhante custam mais do que o fio amarelo comum. Vale a pena salvá-los se você for refazer um cordão.

Verde

Verde é a cor da Terra. Visto do espaço, os Continentes aparecem cobertos de verde. Florestas inteiras de árvores, campos de vegetais, pradarias de gramíneas pintam a paisagem.

Você deve se lembrar da época de escola que o verde nas plantas vem da clorofila. Esse pigmento permite que as plantas usem a luz do sol para converter água e ar em açúcar, para usar como energia. No processo, a planta libera oxigênio, que muitas criaturas vivas usam para converter alimentos em energia. Os respiradores de oxigênio, por sua vez, emitem dióxido de carbono, que as plantas verdes também usam na fotossíntese.[48] Animais e plantas vivem em simbiose, cada um fornecendo algo de que o outro precisa.

Sabemos, intelectualmente, que os humanos precisam de plantas para sobreviver. Nossos corpos também sabem disso em um nível inconsciente. Dar um passeio na floresta, respirar o ar e banhar-se na luz verde nos acalma e nos nutre. O verde nos cura.

Vermelho, laranja e amarelo são cores estimulantes. Azul e roxo são cores refrescantes. O verde fica no meio, misturando o otimismo do amarelo com o conforto do azul. Verde também é a cor da prosperidade. Um dos motivos é que o dinheiro americano é impresso em papel verde, mas a associação é mais profunda do que isso. Verde

---

46. Treadwell, *Red Book of Luck*.
47. Elwell, *Brief History of the Gold Standard in the United States*, "Summary".
48. Silverstein, *Photosynthesis*.

é a cor mais comum no mundo natural, por isso sugere fertilidade e abundância. É tão fortemente associado à natureza que usamos a palavra "verde" para significar ecologicamente correto, tornando o verde a cor do nosso Planeta.

Azul

Azul é a cor da paz. A luz azul nos acalma fisicamente ao diminuir a pressão arterial. Paredes azuis nos cercam com uma sensação de segurança suave.

Podemos contar com um azul robusto e funcional. Na verdade, a história do azul é a história do trabalho. Mulheres e homens europeus medievais eram fortemente restringidos quanto à cor das roupas que podiam usar. Roxo era reservado para a nobreza, e os corantes cochonilha e carmesim vermelhos eram muito caros para uso normal. Os camponeses eram desencorajados a usar roupas vistosas e restritos a tons escuros como preto e marrom. O único ponto de cor permitido à não nobreza era o azul, do qual se tornou muito popular.

Todo mundo usa jeans agora, mas até a década de 1930 o jeans era o uniforme da classe trabalhadora.[49] O tecido resistente foi fabricado pela primeira vez em Gênova, ou Genes, então calças feitas desse material passaram a ser chamadas de "jeans".[50] Em 1874, o alfaiate americano Jacob Davis desenvolveu um tecido resistente e rebitou as costuras para maior durabilidade. Ele se juntou ao empresário Levi Strauss para patentear a ideia. A empresa Levi Strauss (Levi's) continua a fazer jeans até hoje.

O azul também é a cor da força policial ativa. Na Guerra Civil Americana, os oficiais usavam casacos vermelhos, mas os soldados comuns usavam casacos azuis. Quando se aposentaram, passaram seus casacos azuis para as primeiras forças policiais.[51] Na Inglaterra, os primeiros bobbies (policiais) escolheram o azul como cor, porque era barato e diferente dos uniformes vermelhos brilhantes dos soldados.

49. Miller, *Global Denim*.
50. Roshan, *Denim*.
51. Museu da Polícia de Los Angeles, "LAPD's Finest".

Antes dos corantes sintéticos, o jeans recebia sua cor do índigo. Não por apenas ser bonito, mas porque a tinta tornava o pano ainda mais forte. A maioria dos corantes reage quimicamente ao tecido, mas o índigo se liga fisicamente no nível molecular.[52] Um tecido tingido com índigo não desbota à luz do sol, mas desbota com a fricção, dando-lhe aquela aparência distinta associada ao trabalho físico.

O motivo mais triste de o azul ser a cor do trabalho é a escravidão. Quando os britânicos colonizaram a Índia, eles se mudaram para supervisionar a produção nativa de índigo. Durante a colonização, os tintureiros indianos, anteriormente independentes, trabalharam sob o olhar atento dos feitores que tiravam os lucros de seu trabalho. As plantas índigo foram enviadas para o Caribe para serem cultivadas lá também. Da mesma maneira, o índigo foi um dos principais impulsionadores do comércio de escravos.[53] Proprietários de terras europeus compravam tecidos coloridos da Índia e os comercializavam na África com as tribos que sequestraram outros africanos para vender aos escravistas. Esses africanos foram enviados ao Caribe para cultivar índigo nas plantações ao lado de nativos escravizados.

Embora o sol em um céu sem nuvens brilhe amarelo, o próprio céu parece azul quando olhamos para ele. Curiosamente, a atmosfera da Terra também parece azul ao olharmos para ela da perspectiva do espaço.[54] Aqui está o motivo: a luz solar contém todas as cores do arco-íris, que atinge a atmosfera e se espalha em todas as direções. O comprimento de onda do azul é mais curto do que o das outras cores dispersas, portanto, mais azul atinge nossos olhos do que qualquer outra cor. Grandes corpos d'água, como lagos e o oceano, também parecem azuis. A água absorve mais das cores de comprimento de onda longas, como vermelho e laranja, portanto, o comprimento de onda que retorna aos nossos olhos é azul.[55]

---

52. Kassinger, *Dyes*.
53. Taussig, *What Color Is the Sacred?*
54. Siegel, "Why Does Earth Appear Blue From Space?"
55. Scientific American, "Why does the ocean appear blue?"

Assim como a luz azul nos relaxa, estar perto da água também nos acalma. Em parte, é o efeito da própria cor, e também porque a raça humana evoluiu para gravitar em torno da água, da qual precisamos quase tanto quanto precisamos de oxigênio. É a cor do céu e da água que torna o azul a cor da paz.

Roxo

Roxo é a cor do poder. No palácio do império bizantino havia uma sala construída inteiramente de pedras roxas. As mulheres das famílias imperiais se retiravam para esta sala para dar à luz, para que os herdeiros do império nascessem literalmente "no roxo"![56]

O roxo era especificamente real por causa do custo impressionante de seu tecido. Em Roma e Bizâncio, apenas os muito ricos podiam pagar pela cor. A tintura roxa veio de um caracol, e foram necessários 10.000 moluscos para produzir um grama de tintura. Era tão difícil e demorado extrair a cor dos caracóis, que a tinta era mais valiosa do que ouro.[57]

Quanto ao caracol, ele foi colhido na antiga cidade de Tiro. Os habitantes de Tiro contaram uma história encantadora para explicar como descobriram a tinta. Parece que Hércules estava caminhando ao longo da costa do mar com a ninfa Tyrus. Seu cachorro correu na frente e comeu um caracol que deixou sua boca roxa. Tyrus exigiu um pano tingido da mesma cor, então Hércules juntou caracóis suficientes para fazer o pano para sua amada.[58]

A cidade de Tiro exportou tecidos tingidos para todo o mundo Mediterrâneo. Textos ugaríticos e hititas de 1400 AEC. mencionam a púrpura tiriana. O próprio nome do povo que produziu a tintura fenícia, deriva da palavra grega *phoinios*, que significa "roxo". Segundo todos os relatos, o roxo de Tyrus poderia descrever qualquer tom, de um vermelho claro a um vermelho muito profundo, e uma cor mais próxima do que consideramos o roxo hoje, comumente chamado de "roxo-intenso".

56. Paspates, *The Great Palace of Constantinople*.
57. Cartwright, "Tyrian Purple".
58. Gaboriaud-Kolar, *A Colorful History*.

Com a criação dos corantes sintéticos, o roxo perdeu sua conexão com a realeza, mas ainda carrega a associação de riqueza e até espiritualidade, e permanece a cor do poder.

Branco e preto

Branco e preto são cores neutras. Na história da cor, branco, vermelho e preto são as combinações de cores mais antigas.[59] Misturá-los traz a ressonância de todos os significados que a cor já teve.

Há um significado cultural para o preto e para o branco que é o oposto de neutro, mas é crítico. Nesse sentido, o branco é claro e o preto é a sombra; o branco é bom, o preto é mau. Essas associações se desenvolveram na era colonial para justificar a escravidão, arquitetando uma superioridade moral dos brancos sobre os negros na época.

Isaac Newton demonstrou que quando a luz do sol brilha através de um prisma, ela se separa nas cores do arco-íris. Antes de a luz ser dividida no espectro, ela é incolor. No entanto, Newton não chamou essa luz de incolor – ele a chamou de branca. O amigo de Newton, Robert Boyle, foi um dos fundadores da primeira organização científica, The Royal Society of London. Ele também foi diretor da Companhia das Índias Orientais, que estava fortemente envolvida no comércio de escravos. Esses dois interesses se juntaram nos experimentos de Boyle com a luz. Ele decidiu que os objetos brancos refletem a luz, enquanto os objetos pretos "amortecem" a luz. O branco é a cor pura original e o preto descolora o branco. Boyle aplicou essas descobertas para explicar o motivo de os europeus de pele branca terem razão, ao passo que os negros eram claramente marcados para serem seus servos. Newton aceitou sua descrição da luz como "branca", e a ciência a chamou de "branca" desde então.[60]

Para ser claro, "luz branca" é um termo racista, assim como "magia negra". Este último se refere especificamente à medicina e espiritualidade praticada por escravos de pele escura e seus descendentes.

---

59. Erica Reiner, *Astral Magic*.
60. Williams, *White Light, Black Magic*, "The Scientist".

Por essa razão, este livro rejeita explicitamente a associação do bem e do mal com o branco e o preto.

Enquanto a luz do dia é geralmente positiva e a noite geralmente reconhecida como perigosa, outras culturas veem as cores preto e branco de forma diferente. Na América, o branco é a cor dos casamentos e o preto é a cor dos funerais, mas em muitas culturas da África e da Ásia, o branco tem sido historicamente a cor da morte, embora isso esteja mudando com a influência da cultura europeu-americana no mundo.[61]

Podemos olhar para o design de interiores para ver o significado emergente de branco e preto. Branco e preto podem ser combinados com qualquer uma das cores do arco-íris. Na verdade, é uma boa ideia incluir o branco ou o preto nos cordões para evitar que as cores se misturem; por exemplo, vermelho e azul misturados são registrados como roxo aos nossos olhos. O preto e o branco, portanto, fornecem contraste sem trazer cores próprias, tornando-os neutros.

Cores planetárias

Em magia, os elementos e planetas também têm cores. É muito fácil descobrir de onde vêm as cores elementares, porque elas se parecem fisicamente com suas fontes. O ar é amarelo com a luz do sol, a água que reflete o céu é azul, o fogo é laranja e vermelho e as plantas da terra nos cercam com verde. Mas e os planetas? Por que eles têm cor?

Primeiro vem os planetas mágicos. Os primeiros astrólogos babilônios contavam qualquer objeto que se movesse no céu como um planeta, então eles adicionaram o Sol e a Lua como planetas visíveis. Foi assim que chegamos a ter sete "planetas" na lista de associações mágicas. As ferramentas astronômicas de hoje podem ver muito mais longe do que o olho humano, então os planetas externos – Netuno, Urano e Plutão – foram adicionados à lista mais recentemente. Então os astrônomos começaram a debater quais astros mereciam ser chamados de planetas e, nessa discussão, excluíram Plutão. Alguns

---

61. Reis, *Death is a Festival*. Veja também Hibi, *The Colors of Japan*.

astrólogos hoje ainda incluem Netuno e Plutão com a lista clássica de planetas.

Os planetas mágicos vieram às suas atuais associações de cores primeiro devido à sua cor física, depois pela cor associada ao planeta pelos antigos povos, que construíram templos planetários e, posteriormente, a associação esotérica dos planetas com as cores do espectro.

Quando observados a olhos nus, os planetas têm uma cor física. Os babilônios observaram os planetas em céus desertos e claros. Eles construíram templos chamados "Zigurates" que se parecem com pirâmides e foram construídos em partes. Essas divisões eram associadas às etapas dos templos e às cores dos planetas.[62] O astrólogo Rumen Kolev deu às correspondências de cores babilônicas para os planetas: Vênus, branco; Saturno, cinza; Marte, vermelho; Lua, azul; Júpiter, laranja; Mercúrio, variável; Sol, amarelo.[63]

Alquimistas, astrólogos e ocultistas há muito tempo tentaram mapear os sete planetas conhecidos pelos antigos com as cores do arco-íris, levando a aparência física dos planetas em conta. As cores associadas aos planetas da tradição mágica ocidental hoje foram estabelecidas pela ordem hermética do amanhecer dourado. A ativista Florence Farr trabalhou com as cores do espectro. Richard Dudschus e David Sledzinski criou uma lista de Notas de Farr: Lua, azul; Mercúrio, amarelo; Vênus, verde-esmeralda; Sol, laranja; Marte, escarlate; Júpiter, violeta; Saturno, índigo.[64]

Quando Aleister Crowley compilou sua *Enciclopédia 777*, ele mudou algumas das associações. Devido à popularidade de *777*, essas associações se tornaram comuns nos trabalhos mágicos de hoje: Lua, violeta; Mercúrio, laranja; Vênus, esmeralda; Sol, amarelo; Marte, vermelho; Júpiter, azul; Saturno, preto.[65] Neste livro, trabalhamos com as cores planetárias de Crowley como nossa referência.

---

62. Handcock, *Mesopotamian Archaeology*.
63. Kolev, "Some Reflections about Babylonian Astrology".
64. Dudschus, *Coloring the Classic Golden Dawn Tarot*.
65. Crowley, *777*.

Referência rápida
CORES PLANETÁRIAS

Planeta	Cor
Lua	Branco, prata e violeta
Mercúrio	Laranja
Vênus	Verde
Sol	Amarelo
Marte	Vermelho
Júpiter	Azul
Saturno	Preto

Corantes

Nós dissemos antes que o corante é o corpo da cor. Antes que as cores sintéticas fossem desenvolvidas, em 1857, pigmentos e corantes vieram de fontes físicas específicas – rochas, plantas, insetos, terra. Pintores ainda usam essas fontes, seus nomes são uma memória evocativa de uma idade passada. Existem as cores da terra, como sena crua (laranja-avermelhado), marrom-queimado, ocre-dourado. Tons de vermelho como os do lago Rose Madder (ou garança comum), vermelhão, vermelho-veneziano. Há o índigo, que vem das plantas, e o ultramarino, que vem do lápis-lazúlis moído. Algumas dessas substâncias ainda são usadas como corantes, não comercialmente, mas em pequenos lotes usados por povos indígenas e artistas de fibra.

A história desses corantes contribui para o significado cultural da cor. Em muitos casos, a cor da substância corresponde à cor do corante. Dos insetos cochonilha extrai-se o corante vermelho e da cúrcuma que é muito amarela, extrai-se essa cor. Em outros casos, a cor da tinta só aparece no final – o índigo muda do laranja para verde e para o azul.

Veja aqui algumas das substâncias naturais usadas para tingir tecido.

Paleta de corante natural

Corantes vermelhos

O carmim, o vermelhão e o vermelho cardinal são cores que se referem a substâncias físicas. Antes da invenção dos corantes sintéticos, conseguíamos nossos corantes vermelhos de plantas e insetos.[66]

A garança (Rose Madder ou somente Madder), da planta *Rubia tinctorum*, foi comercializada como corante resistente e é um medicamento desde o terceiro milênio AEC. Esta planta floreia toda a Europa, Ásia e África e é tão fácil de crescer que os tecelões ainda a cultivam no jardim de suas casas nos dias de hoje. O pigmento vermelho da garança é chamado *alizarina*.

A Madder dá um vermelho vivo, mas há um tom natural ainda mais brilhante. O inseto mediterrânico *Kermes vermilio* nos dá as palavras "carmesim" do turco *kirmiz* e "vermelhão" do latim *vermiculus*, um diminutivo de "verme". O corante Kermes (quermes) produz um vermelho mais brilhante do que o Madder, mas o esforço para reunir os insetos e produzi-lo sempre o tornou consideravelmente mais caro.

Kermes crimsom (quermes carmesim) era o vermelho mais brilhante disponível até que uma nova descoberta mundial o derrubasse de seu alto posto. O corante de carmim derivado do inseto cochonilha produz tanto o carmesim (um vermelho-azulado) como o escarlate (um vermelho-amarelado)[67]. Ainda hoje usamos a cochonilha como corante alimentar, o que leva a postagens periódicas de tirar o fôlego com títulos como "O vermelho da comida vem de insetos!"

Tanto o vermelhão quanto a garança expressam poderes militares e nacionais. O império espanhol enriqueceu com a tinta de cochonilha produzida nas plantações do Novo Mundo vindo de trabalho escravo. Soldados britânicos foram chamados de "Casacas-vermelhas" devido a seus uniformes, que foram tingidos com garança para infantaria e cochonilha para os oficiais.[68] O vermelho das primeiras bandeiras

---

66. Kassinger, *Dyes: From Sea Snails to Synthetics*.
67. Hummel, *The Dyeing of Textile Fabrics*.
68. Orr, *The New American Herbal*.

norte-americanas derivava da garança ou de uma combinação de garança e cochonilha.[69]

As tinturas vermelhas também expressam poder religioso. Os cardeais católicos usam chapéus tingidos de escarlate, especificamente da cor derivada do inseto cochonilha, por isso essa cor também ficou conhecida como vermelho-cardeal.

Hoje essas tinturas são produtos artesanais. Se você quiser mergulhar em primeira mão na história da cor, pode cultivar sua própria garança a partir da semente e fazer sua própria tintura. Ambos os corantes, garança e cochonilha, estão disponíveis em pequenos lotes de artesanato. Você também pode encontrar novelos de lã tingidos à mão com esses tons.

Corantes laranja

Em tinturas como no espectro de luz, o laranja fica entre o vermelho e o amarelo. Já falamos sobre a tonalidade da garança sob o vermelho, mas a Madder pode produzir uma variedade de cores, dependendo do mordente (fixador de tintura) usado. A gama varia do vermelho-profundo ao laranja-vibrante, passando pelo rosa-suave. Uma dessas cores é o marrom-cáqui usado em uniformes, incluindo as calças usadas por trabalhadores corporativos! Muitos dos corantes que resultam em amarelo também podem se tornar laranja ou dourado.

Onde o laranja mais se destaca são os tons de marrom. Cascas de árvores e nozes produzem esses tons. O corante indiano *cutch brown* vem da casca da árvore de acácia. A noz negra americana produz uma tintura marrom-escura, usada para tingir roupas e pintar cabelos.[70] Uma tintura fácil de fazer em sua própria cozinha, é usar cascas de cebola marrom, que vão lhe dar vários tons, de bege a marrom-escuro.

---

69. Holm, "Why these colors don't run".
70. Liles, *The Art and Craft of Natural Dyeing.*

Corantes amarelos

De modo geral, plantas que tem uma aparência amarela fazem corantes amarelos. Você já cozinhou com açafrão? Notou como ele pode manchar sua bancada ou seus panos? O açafrão foi usado como corante comercial por séculos. O tempero de açafrão colhido de suas flores também produz uma tintura amarelada, assim como a vara-de-ouro, a calêndula, a renda-da-rainha-Anne e a vassoura-de-tintureiro.[71]

Corantes à base de plantas podem ser bonitos, mas tendem a desbotar com a luz do sol. Existe uma planta que dá um corante amarelo resistente à luz: é a solda ou *Reseda luteola*. Os romanos a usavam para tingir as vestes de casamento e as vestes das virgens vestais.[72] Assim como a garança, a solda pode ser cultivada no jardim doméstico para tingir as fibras à mão. Os tintureiros artesanais oferecem uma bela solda de novelos de lã tingidos.

Corantes verdes

Curiosamente, embora o verde seja a cor mais comum na natureza, é muito difícil encontrar uma substância que crie um corante verde, razão pela qual o corante à base do arsênico Verde de Scheele era tão popular, embora fosse perigoso.[73] Tintureiros europeus medievais se aproveitavam do fato de que a mistura de amarelo e azul resultava em verde para criar um corante dessa cor, usando uma combinação de pastel (*Isatis tinctoria*) para o azul e solda para o amarelo. A soldagem e a solda criam o verde Lincoln que Robin Hood usou na floresta. Após a introdução do índigo, os tintureiros combinaram esse azul com os corantes amarelos para criar o verde.

Corantes azuis

Na Europa, um dos primeiros tons de azul veio da planta woad (*Isatis tinctoria*). Julius César disse "Todos os bretões se tingem com woad, que produz uma cor azul."[74] A comercialização de woad

---

71. Liles, *The Art and Craft of Natural Dyeing*.
72. Brunello, *The Art of Dyeing in the History of Mankind*.
73. Jennifer Wright, "The History of Green Dye".
74. Deming, *Science and Technology in World History*, Volume 4.

sustentou cidades inteiras; plantas secas de woad eram esmagadas e embaladas em formato de bolas, podendo ser enviadas facilmente para qualquer lugar.[75]

Woad dá uma linda cor azul, mas o índigo é excelente e ainda é um fármaco, *pharmakon,* em grego. Esta é uma palavra complicada, uma das muitas palavras gregas traduzidas como "magia", mas que pode se referir a charme, feitiço, medicamento, uma poção ou um veneno, tinta ou corante. *Indikos Pharmakon* é uma substância mágica que veio da Índia[76]. Já no século 8 a Europa negociava com a Índia pelo corante. A dispendiosa importação era substancialmente mais cara do que o woad cultivado em casa, e acabou gerando o comércio de escravos que produziam plantas e corantes para os aproveitadores europeus. Curiosamente, é relativamente fácil encontrar tecido artesanal e fio tingido com índigo, mas é difícil hoje encontrar lã tingida com woad.

Corantes roxos

O caracol da qual se extraí a cor púrpura tíria ou púrpura-de-Tiro (vermelho-púrpura) está em perigo e não existe mais uma indústria de corantes no Mediterrâneo.[77] No entanto, moluscos roxos estão presentes em todo o mundo e também são usados para colorir. Desde os tempos da pré-conquista, o povo mixteca usava o caracol *purpura patula* para criar uma tintura roxa chamada *tixinda.* Os trabalhadores do ramo de artesanato natural caminhavam até aldeias remotas de Oaxaca, Cidade no México, para observar mulheres e homens mixtecas tingindo, fiando e tecendo o algodão nativo.[78]

Como o roxo é bem próximo do vermelho, a tintura de garança tem sido usada para criar tons arroxeados. Os artesãos que fazem experiências com tons naturais usam repolho-roxo para criar um tom púrpura não resistente à cor.

75. Thompson, *The Materials and Techniques of Medieval Painting.*
76. Liddell, "Pharmakon".
77. Beaumont, "Ancient shellfish used for purple dye vanishes from eastern Med".
78. Geri Anderson, "Looms, weavers and the sacred snail on Mexico's Costa Chica".

Corantes brancos e pretos

Em sua faixa mais escura, o corante índigo pode se aproximar da cor preta. Tintureiros europeus medievais usavam uma combinação das cores primárias de corante para produzir preto, misturando índigo e garança com uma tintura amarela, como a solda.[79]

As fibras de algodão e de linho fazem o tecido que branqueia ao sol, então não houve uma necessidade real de se desenvolver uma tintura branca. A lã é naturalmente em tons de branco e preto. Se você estiver usando fios de lã com cores naturais para a sua magia, não vai precisar realmente de uma tinta branca ou preta.

Cultivando suas próprias plantas corantes

Os pigmentos primários são vermelhos, amarelos e azuis. Você pode cultivar as três plantas de corante primárias resistentes à cor e à luz – garança, solda e woad – em seu próprio jardim. Eu amo cultivar algumas plantas individuais devido à sua história e à sua energia. No entanto, são necessárias algumas plantas para fazer um corante utilizável, e aprender como extrair o corante é como aprender um ofício. Se isso lhe agrada, encorajo você a explorar *A Weaver's Garden: Growing Plants for Natural Dyes and Fibers*, de Rita Buchanan. Seu livro dá instruções para o cultivo de plantas e extração de corantes e detalha também um método simples de extrair agentes corantes de plantas em um banho de tinta simples usando água quente.

O corante Madder é feito a partir das raízes. A planta é perene, resistente a -5 graus Fahrenheit, então pode crescer ao ar livre até a zona 6, mas você precisará matar a planta para colher as raízes, e leva entre dois e cinco anos para ela crescer até um tamanho suficiente para ter uma quantidade utilizável de raízes. Você pode comprar sementes se quiser ter a planta no seu jardim ou comprar as raízes diretamente se preferir mergulhar na arte de fabricação de corantes.

---

79. Liles, *Art and Craft of Natural Dyeing*.

A solda, ou foguete-do-tintureiro (*Reseda luteola*), leva dois anos para crescer e produz muitas sementes, que podem ser coletadas para cultivar mais plantas. O woad também leva dois anos para amadurecer e suas sementes se espalham tão facilmente que ela pode se tornar invasiva – certifique-se de controlar suas plantas! O corante é feito com as folhas de ambas as plantas, que podem ser colhidas à medida que a planta cresce ou de uma só vez. No entanto, precisa de algumas colheitas para juntar folhas suficientes para fazer uma quantidade utilizável.

Usando corantes naturais

Se você tiver tempo e disposição, trabalhar com corantes naturais é uma ótima maneira de se colocar em contato com as fontes físicas das cores. Eles também são lindos! Você pode comprar lã e colorir. Lojas virtuais vendem corantes naturais, como cochonilha e índigo, embora sejam um pouco complicados de usar; o ideal é estudar como usá-los. As associações de artesãos oferecem aulas e podem colocar você em contato com pessoas experientes para ajudá-lo a aprender.

Você também pode criar seus próprios corantes com vegetais e especiarias. Esses corantes são fáceis de fazer na cozinha de sua casa.[80] Os corantes vegetais são mais fáceis de usar do que a cochonilha e o índigo, embora possam ser removidos com água ou luz. Tingir seu próprio fio adiciona muita energia ao cordão que você está fazendo.

---

80. Martha Stewart, "Natural Dyes from Plants and Vegetables". Também em: Mali Anderson, "How to Make Natural Dyes from Fruits and Vegetables".

Referência rápida
TINTURAS NATURAIS [81]

Cor	Planta
Vermelho	Madder, cochonilha, beterraba
Laranja	Madder
Marrom	Nozes escuras, pele de cebola
Bege	Solidago
Amarelo	Vassoura, solda, açafrão, cúrcuma
Azul	Índigo, woad
Verde	Mistura de plantas azuis e verdes
Roxo	Repolho-roxo, amoras, mirtilo, sabugueiro

Você pode fazer corantes em sua cozinha com vegetais comuns. Aqui estão os mais fáceis de usar:

- Vermelho: beterraba.
- Laranja, amarelo, marrom: peles de cebola, açafrão.
- Azul, roxo: repolho-roxo, mirtilos.
- Verde: pinte primeiro com um corante amarelo, como o açafrão, depois mergulhe em uma tintura azul, como o repolho.

---

81. Veja: Buchanan, A Weaver's Garden and Liles, The Art and Craft of Natural Dyeing para detalhes e receitas.

Referência rápida
TINJA SEU PRÓPRIO FIO

1. **Escolha o tecido.** Use um tecido natural ou fio não tingido. Você pode usar sacos ou cordas de algodão ou linho, mas a lã pega cor mais facilmente. Fios de lã não tingidos são facilmente encontrados on-line, em fornecedores de tintas naturais e tecido.
2. **Faça a água do corante.** Para vegetais: pique o vegetal e cubra com o dobro de água. Leve ao fogo e cozinhe por uma hora em água fervente. Coe os vegetais (coma-os se você quiser!) e deixe a água do corante esfriar. Para açafrão: use 2 colheres de chá para 2 xícaras de água.
3. **Trate a fibra.** Você precisará tratar o tecido ou o fio antes de tingi-lo, fervendo-o em uma parte de vinagre para quatro partes de água. Leve a água ao fogo, deixe ferver e cozinhe o fio ou o pano por uma hora. Deixe secar completamente.
4. **Para tingir a fibra**, mergulhe o fio ou o pano no corante por 12 horas ou mais. Deixar imerso durante a noite funciona bem.
5. **Enxague a fibra** mergulhando-a em uma tigela de água limpa e depois, torça-a. Isso ajudará a tirar um pouco daquele cheiro de vinagre e dos vegetais que ficou na fibra.
6. **Seque a fibra.** Pendurar a fibra em uma linha do lado de fora para secar também ajuda a dispersar o cheiro de vegetal e vinagre.

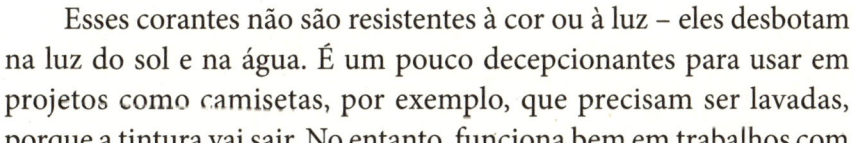

Esses corantes não são resistentes à cor ou à luz – eles desbotam na luz do sol e na água. É um pouco decepcionantes para usar em projetos como camisetas, por exemplo, que precisam ser lavadas, porque a tintura vai sair. No entanto, funciona bem em trabalhos com cordões que, felizmente, não precisa ser lavado. Os tons de corantes vegetais são suaves, mas têm uma beleza natural. É especialmente emocionante mergulhar fibra tingida com cúrcuma na tintura do repolho e obter o verde.

Você pode fazer corantes vegetais na cozinha com panelas e tigelas. Trabalhar com garança, cochonilha, solda e índigo requer o uso de alume como mordente, que precisará de um pote específico. Para explorar este método de tingimento, meus amigos de trabalho com fibras recomendam o livro da Rita Buchanan, mencionado anteriormente, e o livreto de instrução de tintura natural de Michele Wipplinger.

Corantes sintéticos

Se você não estiver usando um fio tingido com uma substância natural, então está usando um corante sintético. Os corantes sintéticos oferecem uma grande variedade de opções de cores e funcionam perfeitamente bem na magia do cordão. Afinal, o mais importante em trabalhar com fios coloridos é estar satisfeito com a cor. Hoje, os corantes sintéticos vêm em todas as tonalidades de cor imaginável e podem ser reproduzidos de forma confiável.

O primeiro corante sintético atingiu o mercado como substituto para roxo de Tyrian. William Henry Perkin era um garoto de Whiz.[82] Aos quinze anos, ele já estava matriculado no Royal College estudando química. Em 1856, quando tinha apenas dezoito anos, Perkin passou o feriado de Páscoa em seu laboratório, fazendo experiências com alcatrão de carvão tentando sintetizar quinina. Ele não conseguiu, mas o que descobriu revolucionou corantes para sempre.

Perkin percebeu que uma das substâncias que ele sintetizou deixou uma lama roxa em seu equipamento de laboratório. Ele enfiou um pedaço de seda na lama e obteve um roxo brilhante. Outras experiências provaram que era resistente à cor e à luz – não desbotava à luz do sol nem desaparecia ao lavar. Perkin abandonou seu mentor e seus estudos de química da faculdade, obteve um empréstimo de seu pai e fundou uma fábrica para produzir o corante comercialmente. Ele chamou o produto de "púrpura de Tyr, renomeando-o mais tarde de "mauveína", vindo da palavra francesa para uma flor púrpura *mauveine*. Posteriormente também ficou conhecida como anilina e malva.

---

82. Long, "How Mauve Was Her Garment".

A realeza enlouqueceu com a *mauveine*. A imperatriz francesa Eugenie gostou do jeito que a cor combinava com os seus olhos. Quando a rainha Victoria apareceu na exposição real de 1862, usando um vestido de seda tingido de malva, o sucesso de Perkin estava garantido.

Mauveine foi o primeiro dos corantes de anilina derivados do alcatrão de carvão, e a corrida começou para trazer novos tons. Esses corantes eram tão baratos de fazer e tão atraentes de usar que a indústria comercial de corante natural se extinguiu completamente em apenas alguns anos.

Infelizmente, os corantes à base de alcatrão de carvão e o sucesso de sua indústria trazem um custo alto para o meio ambiente. Os corantes anilina ou AZO são usados em tais quantidades que a contaminação industrial se tornou um problema sério. Em "Toxic Threads", o Greenpeace observa que esses corantes liberam subprodutos cancerígenos. As fábricas de jeans que ficam no coração do México usam os mesmos rios que irrigam os campos de milho e os corantes usados na fabricação tingem os rios de azul.[83] O Greenpeace apela aos fabricantes a se comprometerem a eliminar os subprodutos tóxicos, ao governo para que exijam que seja feito e para os consumidores exigirem que tanto os fabricantes quanto os governos se unam para resolver essa questão.[84]

Vimos até agora as cores da natureza, a cor da luz, a história dos corantes e a cor dos planetas. Este é um bom momento para revisitar a planilha "Os significados das minhas cores" na página 70. Você tem novas ideias para adicionar às suas associações de cores?

A magia das cordas é a mesma magia das fibras. Nossa próxima etapa do projeto é decidir qual tecido usaremos para criar nossos cordões.

---

83. Daniel, "Jeans firms pollute Mexican city with blue dye".
84. Greenpeace, "Toxic Threads".

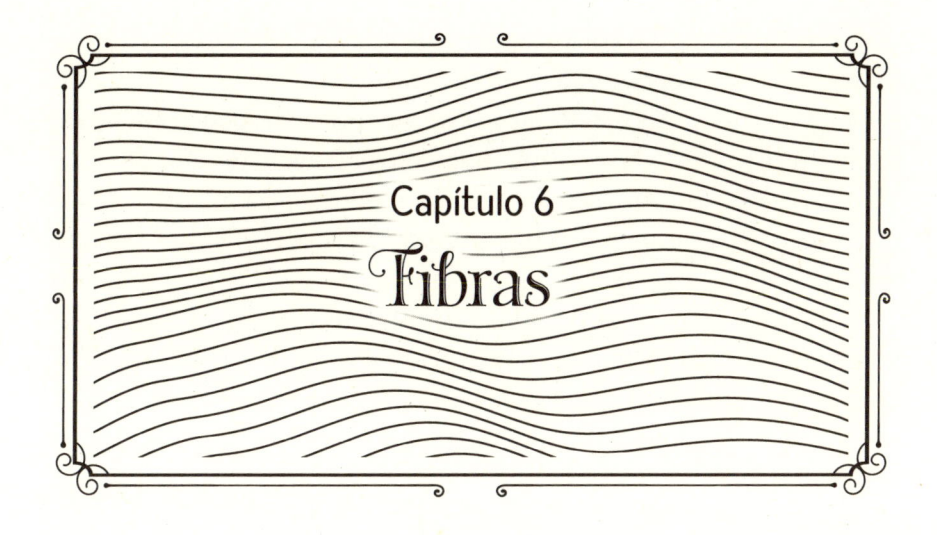

Capítulo 6
Fibras

ordões tornam a magia tangível. Um cordão é um talismã feito de cordas. A fibra do barbante é o corpo do talismã. O material físico adiciona qualidades práticas e energéticas a nossa intenção mágica.

A fibra é um chamado ao parentesco com as coisas vivas do mundo. O fio de lã começa a vida em um celeiro, nas montanhas ou em uma planície aberta. Os fios de algodão, linho, bambu e cânhamo começam a vida como plantas. A fibra sintética passa por várias etapas de processamento, mas também começa como material vegetal. Vamos revisar o histórico de cada um desses materiais para explorar o que eles podem trazer para nossa magia e como podemos usar cada um deles de forma ética.

Já temos associações pessoais com tecidos, assim como temos com as cores. Usamos roupas por toda a nossa vida, então já sabemos quais tecidos gostamos na pele e quais evitamos. As roupas de hoje são feitas principalmente de misturas de materiais naturais e sintéticos, assim como nossos lençóis e cobertores. Bolsas, cintos e sapatos são feitos de couro, algodão, lona, náilon e poliéster. Usamos esses mesmos materiais na magia das cordas. Quer você seja novo no artesanato com fibras ou muito experiente, a magia das cordas nos oferece a chance de explorar o mundo dos tecidos. Antes de mergulharmos no histórico de como o tecido é feito, reserve um momento para registrar o significado de cada tecido para você com base em suas preferências pessoais. Você pode notar o que usa ou não usa, as suas objeções éticas e se gosta da aparência ou da sensação ao usar determinados tecidos.

O couro está incluído aqui porque é um material usado em cordões, que é usado contra a pele. Para deixar claro, o couro real não é um tecido, pois é feito de pele de animal. O couro artificial é feito de poliéster e outros produtos sintéticos.

Planilha
MINHAS FIBRAS PREFERIDAS

Fibra	Significado
Bambu	
Algodão	
Couro	
Linho (cânhamo)	
Raiom	
Seda	
Sintético (acrílico, náilon, poliéster)	
Lã	

As fibras em nossas vidas são cultivadas ou manufaturadas, depois processadas e, finalmente, transformadas em itens que usamos. O significado da fibra vem de sua fonte original e de como interagimos com ela – não apenas na aparência ou no toque, mas também em relação ao seu valor e nossa postura ética sobre como ela é criada.

Referência rápida
SIGNIFICADOS DAS FIBRAS

Fibra	Significado
Bambu	Planta versátil de rápido crescimento.
Algodão	Planta suave ao toque e de fácil acesso.
Couro	Material não fabricável, de origem animal (requer morte do animal para uso). Durável e protetor. O couro artificial é feito de materiais sintéticos.
Linho	Planta difícil de cultivar, requer cuidados extremos, tem uma bela aparência e bom caimento.
Raiom	Fabricado a partir de material vegetal, é o substituto da seda.
Sintético	Acrílico, náilon, poliéster, criado a partir de óleos, baixo custo e versátil, pode irritar a pele.
Seda	Sua origem requer a morte de um inseto. De alto custo, é bonito e fresca.
Lã	Origem animal. Não requer matar o animal. Bonito e quente, mas pode irritar a pele.

Qualquer um desses materiais pode ser encontrado como fios, linhas ou cordas para criar cordões.

A História do Tecido

Uma das coisas mais interessantes sobre a magia com as cordas é a sua idade e o fato de ela se conectar com as energias das plantas e dos animais. A maneira como criamos tecidos é a história de nosso relacionamento com o mundo natural. É especificamente a história de como nossa espécie mudou e moldou o mundo natural. Nossos primeiros ancestrais coletaram plantas e mataram e comeram animais enquanto caminhavam nus. Quando começamos a usar roupas, iniciamos uma maneira totalmente nova de nos relacionarmos, tanto entre nós, quanto com os animais e as plantas.

Caça e coleta

Os humanos aprenderam a fazer cordas no início de nossa história como espécie. Nas sociedades de caçadores-coletores, as mulheres vivem juntas para criar os filhos, enquanto os homens se unem para caçar.[85] Isso era verdade para a maioria dos humanos no início de nossa história e ainda é verdade para algumas pessoas hoje. Criar filhos significa alimentá-los e dar-lhes roupas. Coletar significa colher plantas. Caçar pode significar matar animais grandes, bem como capturar pequenos animais em redes.

Com cordões de plantas e tiras de couro, poderíamos fazer redes para pegar peixes, amarrar pontas de lanças a hastes e criar bolsas para transportar comida.[86] As fibras vegetais transformadas em fios podem ser tecidas. Fiar, fazer redes, tricotar e tecer são atividades humanas – qualquer gênero pode fazê-las. No entanto, são atividades difíceis de fazer enquanto se movem rapidamente como bandos de caça, sendo mais fáceis de serem feitas em assentamentos, criando filhos. Os pesquisadores estão reavaliando as histórias sobre "o homem caçador" para dar mais destaque à "mulher inovadora"! As mulheres fiam e tecem tecidos desde o Paleolítico e continuam a fazê-lo até hoje.

Europeus Paleolíticos faziam saias feitas de fios pendurados em um cordão na cintura. Tinham algum propósito? Carregar objetos? Atrair atenção? Magia? Às vezes, as cordas eram revestidas de metal, incluindo ouro. Apenas as mulheres as usavam e, pela qualidade do metal e das estatuetas, elaboradamente esculpidas, parece que foram marcadas como pessoas de status mais elevado. O mais interessante é que eles usavam saias de barbante atrás, sobre as nádegas! Deve ter sido cativante ver as cordas farfalharem enquanto as mulheres caminhavam.[87]

---

85. Bertonis, *Stone Age Divas*.
86. Soffer, "The 'Venus' Figurines".
87. Bertonis, *Stone Age Divas*.

Animais Domésticos

Os animais domesticados trouxeram uma dimensão totalmente nova para a relação homem-animal. Hoje, os humanos têm a responsabilidade de cuidar dos animais em troca de seus benefícios de leite, carne e couro. Cuidar dos animais nos liga à sua magia, bem como à magia da terra que os nutre.

Na Era Paleolítica, quando um grande animal era morto, as pessoas podiam simplesmente acampar perto dele até que fosse todo consumido. Depois que os assentamentos se desenvolveram, na Era Neolítica, a carne abatida podia ser transportada para casa. Animais menores também podiam ser trazidos de volta ao acampamento e confinados como um estoque de comida armazenada. Na primavera, o mais dócil dos animais se reproduzia silenciosamente. Com o tempo, os animais que domesticamos desenvolveram características de animais mais jovens. Eles se assemelham com bebês e nós respondemos a eles da mesma maneira que fazemos com crianças humanas.

Assentamentos permanentes possibilitaram inovações nos tecidos. As mulheres nômades usavam teares de faixa ou de alça traseira que podiam ser amarrados na cintura com a outra extremidade amarrada a algum objeto ou em uma árvore. Teares como este ainda são usados entre as mulheres de algumas tribos. Ficar em um lugar fixo permitiu o desenvolvimento de teares maiores que poderiam tecer faixas mais largas de tecido. As pontas da urdidura eram fixadas ao solo ou pesadas com argila e pedra. Esses teares se transformam em equipamentos de mesa e piso maiores, ferramentas ainda em uso entre os artesãos tradicionais em muitos lugares do mundo de hoje.[88]

Produção em massa

O próximo grande passo em nosso relacionamento com o mundo natural foi a industrialização. Hoje é difícil imaginar como as roupas eram importantes antes da invenção do tear industrial. Uma única peça de roupa exigia muitas horas de trabalho manual para ser produzida. Somente as pessoas mais ricas em todo o mundo possuíam mais do que algumas mudas de roupa.

---

88. Barber, *Women's Work*.

A Revolução Industrial foi parcialmente impulsionada pela necessidade de tecidos. Uma das primeiras máquinas de produção em massa foi o Tear de Jacquard, que substituiu o trabalho humano pela produção automatizada de tecidos.[89] Os teares de Jacquard ainda são usados hoje em comunidades tradicionais; eu pessoalmente vi um em uso em Varanasi, em uma fábrica de tecelagem.

Antes da Revolução Industrial, o próprio lar era o centro da produtividade. A comida vinha da horta e do gado do quintal. Mulheres e homens teciam, tricotavam e criavam utensílios domésticos de barro e de madeira. Após a Revolução Industrial, homens, mulheres e até crianças saíram de casa para trabalhar nas fábricas. A casa mudou de um local de produção para um lugar de consumo, onde a família consome roupas e alimentos feitos em outro lugar com o benefício da produção em massa.

Este é o contexto em que fazemos nossa mágica hoje. Usamos materiais que chegam até nós como produtos finais totalmente concluídos. Estudar como esses materiais são feitos nos traz de volta ao contato com nosso passado humano e as fontes de nossa magia.

De que tecido é feito

A fibra é feita de plantas e de animais. O cultivo de linho, lã, seda e algodão se desenvolveu antes da invenção da escrita. Eles foram construídos na cultura humana por muitos milhares de anos e nos conectam às raízes de nossa magia. Algumas pessoas que praticam magia só usarão esses tecidos em cordões ou mantos mágicos.

Hoje, o tecido também é fabricado a partir de materiais vegetais e de óleo. Esses materiais ainda são físicos, embora carreguem a energia de serem processados. Enquanto as fibras mais antigas carregam mais energia natural, as fibras mais novas têm a vantagem de serem baratas e fáceis de trabalhar.

---

89. Geselowitz, *The Jacquard Loom.*

Fibras de Plantas

Algodão

O algodão cresce em cápsulas fofas em uma planta cultivada comercialmente. Quando transformado em tecido, é leve, macio contra a pele e fresco. É respirável, o que significa que deixa o ar circular e não é alergênico, por isso é um tecido de roupa muito popular. Pode ser feito em várias texturas, incluindo flanela, veludo, cotelê, cambraia.

O fio de algodão é usado por artesãos para fazer roupas e objetos utilitários como toalhas e jogos americanos. Não é tão elástico quanto a lã ou fio sintético; é um tecido mais rígido do que os outros dois. No entanto, é o material mais popular usado em linhas de bordado e é frequentemente usado em magia.

Considerações éticas: toda a produção de tecidos industriais tem um impacto ambiental e, muitas vezes, envolve violações dos direitos humanos. O algodão é cultivado comercialmente com pesticidas e consome uma quantidade enorme de água. O processamento dele também envolve o uso de produtos químicos pesados.[90] Outra preocupação com o algodão é o tratamento das pessoas que o produzem. Nos Estados Unidos, o algodão historicamente foi cultivado e processado por escravos. Ainda hoje, o algodão de fazendas de trabalho forçado no Uzbequistão abre caminho para o mercado global desse produto.[91]

Linho

Feito a partir de fibras vegetais, o linho é um dos nossos primeiros tecidos. Um dos primeiros exemplos de Catalhoyuk tem 9.000 anos![92] Plebeus egípcios, realeza e funcionários do templo, todos usavam linho, envolviam múmias nele e vestiam estátuas de divindades com o pano.[93] Os Sacerdotes e Sacerdotisas da Mesopotâmia poderiam ter usado lã, mas optaram por usar linho e envolver as estátuas de suas deusas e deuses vivos no tecido.

---

90. Soil Association, "Thirsty for fashion?"
91. Bilal, *Cotton Cultivation.*
92. Hurriyet Daily News, "Centuries-old fabric found in Catalhoyuk".
93. Christina Riggs, *Unwrapping Ancient Egypt.*

O linho feito de cânhamo é usado na China há pelo menos dois mil anos. Na China antiga, aqueles que não podiam comprar seda usavam roupas feitas de cânhamo. Essa planta versátil também fornecia papel e corda. Tanto o linho quanto o linho de cânhamo estão amplamente disponíveis hoje em dia como tecido e linhas.

Fibras de animais e insetos

Couro

Simplificando, o couro é a pele de qualquer animal, selvagem ou doméstico. Não é um tecido ou fibra em si, mas é um material que usamos em algumas das mesmas maneiras que o tecido. As peles podem ser usadas em folhas grandes, os tendões são transformados em fios. A cordoaria comercialmente disponível inclui couro feito de vaca, mas também inclui outros animais como cabras, veados e até cobras.

Considerações éticas: usar couro requer matar o animal. Vegetarianos, veganos e ativistas dos direitos dos animais costumam evitar o uso desse produto.

Lã

Uma das fibras mais básicas do mundo. O povo mesopotâmico usava lã como seu tecido principal e as culturas tradicionais em todo o mundo ainda usam roupas de lã onde quer que ovelhas, cabras e camelos são criados.[94]

Lã de ovelha e cabelo de cabra tornam os fios amplamente mais disponíveis no mercado, mas virtualmente qualquer pele ou cabelo de animal pode ser transformado em fios. Meu estoque inclui fios de lhama e de camelo. Hoje tem gente que recolhe até mesmo os pelos de seus cães e gatos para transformá-los em linha!

As pessoas que trabalham com fibra chamam isso de "cair como uma luva". A lã tem um toque maravilhoso e macio, é durável e mantém o usuário aquecido mesmo quando molhada, o que torna as meias de lã um equipamento essencial para caminhadas. Ela vem na cor de ovelha – branco, marrom, cinza e preto – mas tinge bem e pode ser

---

94. Mehta-Jones, *Life in Ancient Mesopotamia.*

encontrada em todas as cores imagináveis. A lã tem a reputação de ser áspera, mas a de boa qualidade, processada de maneira adequada, pode ser muito macia e confortável. A raça de ovelhas chamada Merino produz uma lã que é particularmente apreciada por ser macia e leve. As meias de lã Merino são extremamente confortáveis.

Quando a lã fica molhada, ela se encaixa em um processo conhecido como feltragem. A lã feltrada é durável e resistente à água. Os tricoteiros podem transformar chapéus de lã em chapéus de feltro manualmente ou colocando-os na máquina de lavar e, em seguida, colocando o chapéu sobre uma tigela enquanto seca. O feltro encolhe o produto acabado, então você precisa levar isso em consideração. A qualidade da feltragem da lã significa que peças prontas como chapéus, cachecóis e cobertores não podem ser lavados na máquina; eles devem ser lavados à mão e cuidadosamente secos.

Lã de ovelha

A grande maioria das lãs vendidas em meadas de fios vem de ovelhas, que são tosquiadas de sua lã uma ou duas vezes por ano. A fibra natural vem em branco, marrom ou preto. A lã branca é tingida com tintas naturais e sintéticas em todos os tons do arco-íris.

A maior parte da lã comercial é limpa com produtos químicos para remover a lanolina, o óleo produzido pelas ovelhas como uma defesa contra os elementos externos. Alguns acham que é a abrasão forte que faz a lã coçar. A própria lanolina é usada comercialmente em loções hidratantes, sabonetes, xampus e impermeabilizantes. Se você é alérgico a lã, é provável que a lanolina seja a culpada.

É possível obter fios de lã que ainda contenham lanolina. Este é o meu fio de lã favorito, fica ótimo na mão e cheira à ovelha!

Considerações éticas: as ovelhas são criadas para a produção de lã em vários países. Uma série de práticas afetam sua saúde e qualidade de vida, incluindo mutilação, borrifar os animais com pesticidas e transporte de animais vivos, o que resulta em mortes. Os defensores da produção têxtil humana argumentam contra essas práticas.[95]

---

95. Compassion in world farming, "Welfare issues for sheep".

Lã de cabra: mohair e caxemira

As cabras angorás produzem fibra de mohair. (Surpreendente-mente, há também uma fibra que vem dos coelhos, também chamada de angorá.) O mohair de cabra age muito como a lã por ser durável e fácil de tingir. Ao contrário da lã de ovelha, o mohair não conduz calor, por isso é fresco para usar no verão. Por esse motivo, às vezes é misturado com lã para fazer tecidos pesados de verão. Você pode encontrar fios de mohair misturados com lã em sua loja de fios favorita ou nas lojas on-line.

Outra fibra de cabra é a *cashmere* (caxemira). As cabras de caxemira produzem duas camadas de fios, uma externa e protetora e a outra interna, quente e macia. Demora algum tempo para as cabras de caxemira produzirem o cabelo, e ele precisa ser penteado ou tosado à mão e em seguida separado da pelagem externa, portanto, a caxemira é uma fibra rara e cara. Ela é valiosa porque é uma das fibras mais macias do mundo. Como o mohair, a caxemira costuma ser misturada com lã ou com náilon para maior durabilidade e elasticidade.

Considerações éticas: na China, as cabras de caxemira são conduzidas em grande número por paisagens que se transformam em desertos em seu rastro.[96] A caxemira mongol tende a vir de famílias menores que administram fazendas, portanto, os produtores têxteis que se abastecem de produtores humanitários muitas vezes costumam ter um olhar especial para lá. Os pastores tradicionais estão trabalhando juntos para resolver os problemas de sobrepastoreio em terras públicas.[97]

Fibra de coelho: angorá

Coelhos angorá produzem um fio incrivelmente macio e fofo. Eles são tosquiados como as ovelhas, então o coelho angorá faz parte de um rebanho que não se mata.[98] Como o mohair e a caxemira, o angorá é

---

96. Schmitz, "How Your Cashmere Sweater Is Decimating Mongolia's Grasslands".
97. Ferry, "Pasture degradation".
98. McLaughlin, *Hobby Farms*.

quente e bonito. Ao contrário de outras fibras animais, é difícil de fiar, por isso muitas vezes é transformado em fios com lã.

É fácil misturar mohair, caxemira e angorá, porque são todos quentes, macios e podem ser misturados com lã. São semelhantes também ao toque das mãos. O bom é que eles vêm de animais muito diferentes, o que pode ser importante para a sua magia. Se a magia que você for fazer o afasta de qualquer um desses animais ou de produtos de origem animal em geral, é bom saber o que evitar. Se você ama ovelhas como eu, vai adorar trabalhar com lã; se tem afinidade com cabras, mohair e caxemira podem ser atraentes; se trabalha com coelhos, pode sentir-se atraído pelo angorá.

Considerações éticas: a grande maioria da lã de angorá vem da China, onde as práticas de criação causam considerável sofrimento aos animais. Quando essas práticas surgiram há alguns anos, vários varejistas abandonaram completamente o angorá. Eles se afastaram da caxemira e do mohair em direção à lã de alpaca. Isso teve o efeito positivo de gerar uma indústria para pequenos agricultores peruanos. Essa indústria continua nas mãos de agricultores nativos e pequenos que adotam práticas sustentáveis.[99]

Alpaca e lhama

Esses animais sul-americanos são parentes dos camelos da África e da Índia. As alpacas e as lhamas foram criadas em grandes altitudes para carregar mochilas, fornecer carne para alimentação e para produzir lã. Grande parte das alpacas do mundo é criada por pequenos agricultores no Peru, a maioria nativos nas montanhas. A agricultura de alpaca se tornou popular na América na última década como uma indústria caseira.

Existem duas diferenças principais entre a alpaca e as lhamas: a alpaca vive em um rebanho de animais, enquanto as lhamas podem lidar com a vida sozinhas e com sua lã. As lhamas dão lã, mas as alpacas foram criadas especificamente para a produção de lã.

---

99. Purdy, "Review of the July 2017 Nunoa Project Veterinary Work in Peru August 2017".

As alpacas não secretam lanolina, então sua lã é hipoalergênica. É macia como a caxemira, brilhante como a seda, durável e quente como lã. Por essas razões, tornou-se uma fibra comercial popular. Tanto os fios de alpaca quanto de lhama estão disponíveis comercialmente. Muitas vezes é misturado com lã de ovelha, às vezes com um pouco de náilon para tornar o fio mais flexível.

Seda

A produção de seda e sua cultura se desenvolveram na China no período Neolítico. Historicamente, enquanto as pessoas mais pobres usavam linho de cânhamo, as classes altas usavam seda.[100] A China trouxe a seda para a Europa ao longo das rotas comerciais costeiras e das estradas terrestres da rota da seda.[101]

A maior parte da seda é feita de casulos fiados pela mariposa *Bombyx mori* (bicho-da-seda).[102] Esta mariposa vive de folhas de amoreira cultivadas em cativeiro. No processamento, os fios do casulo são desenrolados e transformados em fibra.

A seda tem um brilho lustroso. Se você já usou seda, sabe como é luxuoso! É leve e respirável e afasta o suor da pele, por isso é fantástico para usar em climas quentes. Pode também misturar a seda com a lã para formar um fio que irá compor um adorável tecido macio.

Considerações éticas: na seda convencional, o bicho no coração do casulo é morto durante o processamento. Alguns produtores comercializam *Ahimsa* ou a seda "da paz". Neste método de produção, as mariposas podem sair do casulo antes de serem colhidas para a seda.[103] No entanto, quando as mariposas acasalam mais tarde, seus descendentes são numerosos demais para serem alimentados pelas fazendas, então os descendentes morrem. A seda produzida com esse método merece ser chamada de seda da paz? É um assunto controverso.

---

100. Robinson, *The Great Book of Hemp*.
101. Barber, *Prehistoric Textiles*.
102. Schoeser, *Silk*.
103. Cook, *Ahimsa (Peace) Silk*.

Sintéticos

O termo "sintético" é geralmente usado para descrever um material que foi fabricado. Os materiais sintéticos compreendem a grande maioria das fibras disponíveis nas grandes lojas. Comecei minha carreira na fibra com um profundo desdém por eles – tão barato! Tão brilhante! Tão artificial! Mas, à medida que me aprofundava nas fontes de nossa linha, comecei a perder minha certeza. Eu aprendi que o fio sintético é amplamente disponível, barato, flexível e altamente lavável. É recomendado como forma de evitar a ética no uso de produtos de origem animal e vegetal. Hoje, tenho muitos sintéticos na minha coleção de fios.

Rayon

Rayon ou raiom foi a primeira fibra artificial a ser desenvolvida. A seda era cara e difícil de produzir, então a busca por uma alternativa manufaturada começou. A primeira patente de rayon foi emitida em 1892, como uma patente de seda artificial.[104] Às vezes é chamado de "rayon viscose" devido à forma como é fabricado. É brilhante e age como algodão, bem como seda, então os fabricantes combinaram "raio de sol" com "algodão" para formar a palavra *rayon*.[105]

A criação de rayon envolve um processo industrial complicado. As matérias-primas são a polpa de madeira de árvores como o pinheiro e o eucalipto, de fibras residuais de algodão chamadas *linters* e de bambu. Essas substâncias são branqueadas e tratadas com soda cáustica para criar celulose purificada. Muitas coisas são feitas de celulose purificada; ele aparece tanto na comida quanto no tecido.[106]

O rayon é misturado com algodão e linho para fazer um tecido mais flexível e mais absorvente do que as fibras naturais. É mais absorvente do que algodão e linho e afasta a umidade da pele. Por ser feito de celulose, é inflamável como o algodão e o linho.[107]

---

104. Ewing, *Fashion in Underwear*.
105. Kan, *A Novel Green Treatment for Textiles*.
106. Reimer, "5 Food Companies That Serve You Wood".
107. Parkes, *The Knitter's Book of Yarn*.

Os fios de rayon às vezes são chamados de *seda artística*. A grande vantagem desse fio em relação aos fios naturais é o preço. É muito mais barato do que a fibra natural, algo que pode fazer uma grande diferença em projetos maiores.

Para uso em trabalhos mágicos, a cor de um fio é mais significativa do que o material. Embora sejam baseadas em plantas, as qualidades das plantas foram substancialmente alteradas pelo processo de fabricação. Uma vez que foi manuseado por máquinas e pessoas antes de chegar ao local a ser usado na magia, é prudente fazer uma limpeza mágica antes de trabalhar com ele. Usei-o com bons resultados em projetos que exigem muitas cores brilhantes.

Náilon, poliéster e acrílico

Assim como o rayon, o náilon também foi desenvolvido como um substituto da seda, desta vez para substituir a seda usada em paraquedas usados na guerra. Mas ao contrário do rayon, que é processado a partir de madeira e algodão, o náilon é criado inteiramente em laboratório. O náilon deriva do óleo. Podemos chamar o óleo de mineral porque o extraímos do solo como metais e pedras. No entanto, o óleo vem de criaturas vivas antigas comprimidas sob a pedra, por isso é classificado como "orgânico" ou à base de carbono.[108]

O náilon é usado em praticamente tudo: roupas, tapetes, guarda-chuvas, paraquedas, cordas, pratos, escovas de dente. Transformar óleo em náilon é um processo industrial de várias etapas. Como fibra de tecido ele é forte, leve, quente e fácil de lavar. No entanto, é sensível ao calor, tome cuidado se decidir passar a ferro um artesanato desse fio. O náilon aparece como um fio central em fios que usam mohair.

O poliéster é muito semelhante ao náilon, mas criado com um processo ligeiramente diferente. É mais usado do que o náilon em roupas. Tanto o náilon quanto o poliéster são leves, fáceis de lavar e mais resistentes às chamas que o algodão. O poliéster é mais macio e mais quente do que o náilon, mas menos absorvente.[109]

---

108. Woodford, "Nylon".
109. Parkes, *The Knitter's Book of Yarn*.

O acrílico também foi desenvolvido como um substituto para a lã e tem sido usado em suéteres e cobertores desde o início dos anos 1990.[110] Assim como o náilon e o poliéster, o tecido acrílico é leve, fácil de lavar e sensível ao calor. Ao contrário da lã, esse tecido não sente quando é lavado (a menos que você realmente queira que ele sinta e tome medidas extras), então você pode jogá-lo na máquina de lavar em vez de lavá-lo à mão. Além disso, as mariposas não o comem![111]

Os fios sintéticos estão amplamente disponíveis em uma vasta gama de cores. Muitas vezes são misturados com fibras naturais para aumentar a flexibilidade e a resistência. Você com certeza os encontrará ao investigar linhas e fios para fazer cordas.

Considerações éticas: o rayon é produzido a partir da celulose, o que significa que vem em grande parte das árvores. Essa é uma forma inteligente de aproveitar os subprodutos da celulose.[112] No entanto, as florestas antigas e ameaçadas da Indonésia, do Brasil e da China estão sendo desmatadas para fornecer grãos para as fábricas de rayon.[113] O processamento de rayon também gera poluição da água e resíduos industriais.[114]

O náilon e o acrílico são produzidos em grandes fábricas e requerem muita energia. Os próprios tecidos são feitos de óleo. O mundo está se tornando dolorosamente consciente de que o petróleo não é um recurso renovável. À medida que nos aproximamos de usá-lo, os métodos usados para extraí-lo se tornarão mais difíceis e caros. Portanto, embora os fios sintéticos sejam um recurso barato e abundante agora, eles provavelmente se tornarão raros e valiosos nas gerações futuras.

---

110. Extensão cooperative da Univrersidade do Estado de Utah. "Clothing Textiles, From Fiber to Fabric: Acrylic".
111. Brooks, "Washing Instructions for Acrylic Yarn".
112. How Products Are Made, "Rayon".
113. McCullough, "Deforestation for fashion".
114. Schinzel, "Water pollution by waste products of cellulose and rayon plants".

Escolhendo uma fibra

Agora que temos uma ideia de onde vem a fibra, podemos fazer uma escolha consciente sobre quais materiais usar.

- É melhor usar fio natural ou sintético?
- Quão viável é fazer o nosso próprio fio?
- Quais são algumas das preocupações éticas na criação de tecidos?

Natural versus Sintético

A princípio pensei: "É claro que quero usar coisas naturais", mas quanto mais eu olhava para isso, menos simples ficava. Quase todo o material usado para criar fios vem de coisas vivas ou que já foram vivas, até mesmo materiais sintéticos. Todas as fibras comerciais têm algum aspecto de fabricação mecânica. É possível encontrar fios e fios artesanais que só foram tocados por mãos humanas; para isso você precisa procurar artesãos ou fazer você mesmo.

Comprar versus fazer

É magicamente melhor comprar linha e fio ou fazê-los? Alguns artesãos criam ovelhas para a lã, alguns tecem a lã em fios e alguns as tingem com tintas naturais. Os artesãos vendem fios de linho e algodão orgânico tingido à mão. Se você se sentir tentado a fazê-lo, poderá aprender qualquer um desses ofícios. Também é possível fazer sua própria seda: compre ovos de bicho-da-seda on-line, crie-os e processe os casulos em fios.[115]

Conheço várias pessoas que produzem lã artesanal. Até conheço uma mulher que fazia uma peça de linho do começo ao fim. Ela cultivou o linho e em seguida deu os vários passos necessários para transformá-lo em um material que pudesse ser fiado. Depois disso, ela tingiu o fio com tinta feita de plantas que ela cultivou de sementes. Pense em como esse trabalho é mágico!

---

115. Mulberry Farms, "Care and Raising Tips".

A maioria de nós não vai fazer nossa linha ou fio – vamos comprá-los. Se você gosta da ideia de linha feita à mão e não tem habilidade ou tempo, mas tem dinheiro, pode comprar fios fiados à mão de artesãos individuais. Sua loja de fios local ou on-line pode ter um relacionamento com fornecedores locais. Muitos mercados de agricultores buscam relacionamentos com artesãos que trabalham para construir um movimento local de fibras. Você pode encontrar este tipo de fio e linha on-line, basta pesquisar o termo "lã fiada à mão" (ou linho ou seda) para fontes.

Custo versus Ética

Existe um custo ecológico e moral associado a cada fibra produzida hoje. O que estamos observando é o complexo industrial de fabricação de fibras. A fibra industrial é barata para o indivíduo, mas cara para o mundo natural. Há um movimento da fazenda à mesa para os alimentos, mas ainda não houve um movimento da fazenda à roupa em maior escala. Isso ocorre principalmente porque fazer roupas consome tanta energia que as máquinas industriais provavelmente continuarão a fazer parte da equação. Você pode cultivar sua própria comida – é muito mais difícil cultivar suas próprias roupas.

Por que isso importa? A forma como um animal é tratado não aparece nas características físicas do material final, ou seja, seu calor, sensação, durabilidade e manutenção. Uma resposta é que a qualidade de vida do animal pode refletir na assinatura energética da lã, ou pelo menos em como você se sente a respeito dela ao manuseá-la.

Pessoalmente, tento ser ética, mas não sou purista. Eu compro comida local. Eu também compro, preferencialmente, produtos de fibra de origem local. A lã que me deixa mais feliz de usar é um novelo fiado à mão com uma etiqueta com o nome e a imagem da ovelha que cresceu a lã. Aquela ovelha está comendo grama no campo e vivendo uma vida feliz de ovelha. No entanto, eu também como comida comercial, faço tricô com fio comercial e simplesmente não tenho dinheiro para comprar apenas tecidos orgânicos.

Se você quiser ter a certeza de que a fibra que usa vem de ovelhas, cabras e coelhos tratados com ética, existem empresas que comercializam produtos livres de crueldade. Pesquise lã, caxemira, angorá e fios "livres de crueldade". Você também pode escolher fornecedores de fios que visitam pessoalmente as fazendas que os fornecem com lã e fios.

Eu faço a maioria dos meus projetos com fios comerciais. Um cordão feito de linha manufaturada ainda é um talismã mágico. Não existe uma única maneira certa e verdadeira de fazer qualquer coisa, incluindo escolher o fio para a magia do seu cordão.

Amarrando Nós em Fibra

A magia das cordas incorpora os nós. Alguns nós devem ser permanentes, enquanto outros devem ser desamarrados para liberar a energia mágica armazenada neles. Em geral, se você sabe com antecedência que vai querer desatar o nó, lembre-se de amarrá-lo frouxamente. Antes de fazer o cordão, teste o fio dando e desamarrando um nó nele. Se for muito difícil desamarrar, mude para outro fio. Com o tricô, tenho "consertado" ou "desfeito" muitas fileiras. O pior fio para isso é mohair! Parei de trabalhar com ele completamente. Curiosamente, os fios sintéticos são mais fáceis de amarrar e desamarrar.

Agora que descobrimos como o número e a cor dão forma e qual fibra usaremos, podemos mergulhar no projeto da intenção dos nossos cordões.

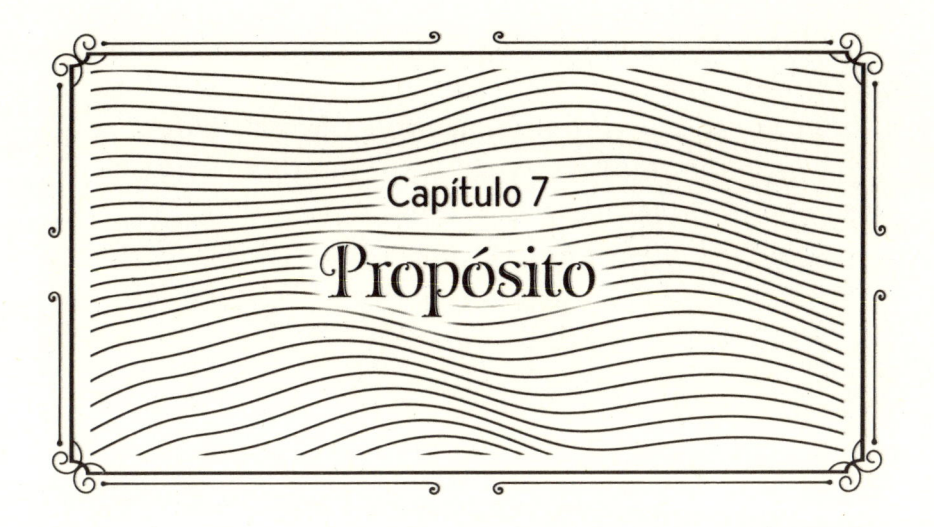

Capítulo 7
Propósito

Um cordão é sempre prático. Você pode amarrar as coisas com um barbante simples. Este utilitário torna os cordões veículos perfeitos para a magia da vida cotidiana.

A magia prática concentra-se em cinco áreas específicas:

- Proteção
- Saúde
- Prosperidade
- Amor
- Aspiração espiritual

Talvez você já saiba o motivo de querer fazer um cordão ou talvez ainda não tenha uma ideia. Esta parte do livro vai listar resultados mágicos comuns. Conforme avança na leitura, uma das sugestões pode chamar sua atenção. Uma vez que a centelha criativa foi acesa, você pode descobrir que tem algumas ideias para seus cordões! Este capítulo inclui um projeto de cordas para cada uma dessas cinco áreas e um espaço para você projetar seu próprio cordão.

É sempre melhor escrever sua própria intenção com suas próprias palavras. Para começar, cada resultado a seguir tem uma frase de amostra, que pode ser personalizada. Você falará esta frase antes de começar a torcer o cordão. Caso possa condensar essa frase em uma ou duas palavras, poderá repeti-las enquanto faz a torção.

Alguns dos resultados combinam bem com outros. Você pode optar por adicionar outros propósitos para o cordão para completar o resultado. As intenções podem ser gerais ou específicas; por exemplo, "Encontro um lugar para morar" *versus* "Alugo um apartamento em um bairro seguro a uma curta distância de onde trabalho". Se você tiver requisitos específicos, poderá adicioná-los à sua intenção. O perigo aqui é ser específico demais, limitando suas opções – para continuar o exemplo acima, talvez o apartamento perfeito seja próximo a uma linha de ônibus excelente que reduza seu trajeto. Uma maneira melhor de expressar o propósito seria "Eu encontro um lugar para morar em um bairro seguro com um trajeto curto para o trabalho".

Outra coisa a ter em mente ao criar uma intenção é manter o texto positivo. A mente humana tem o que é chamado de *viés de negatividade*, o que significa que focamos demais em possíveis perigos. É fácil identificar coisas que não queremos que aconteçam, mas é difícil criar uma intenção mágica para evitar que as coisas aconteçam.[116]

Vejamos o exemplo de proteção de um carro novo. Queremos que ele permaneça tão livre de arranhões quanto quando o tiramos da concessionária. No entanto, se dissermos: "Este carro não vai sofrer um acidente", primeiro temos que imaginar um acidente, que provoca ansiedade e infelicidade. Tanto a imagem quanto os sentimentos deram início ao processo de manifestação do acidente. Agora precisamos cancelar essa imagem e seus sentimentos, o que é difícil de extrair. Como você visualiza o "não"?

É por isso que geralmente é melhor evitar o uso de palavras negativas e enquadrar a intenção em termos de um resultado positivo. Por exemplo, podemos fazer um cordão de proteção para nosso novo carro

---

116. Tierney, *The Power of Bad*, "Prologue".

e dizer "Este carro está protegido" e visualizar o carro em perfeitas condições, sentindo a felicidade que essa imagem traz.

Podemos fazer cordões para nós mesmos, para as crianças, animais de estimação, plantas e gado sob nossos cuidados. Temos a autoridade espiritual e a responsabilidade de garantir o nosso bem-estar e de nossos dependentes. À medida que as crianças crescem e começam a tomar suas próprias decisões, podemos incluí-las na tomada de decisão mágica também.

Também podemos fazer cordões para nossos amigos e entes queridos. São presentes mágicos que contêm energia para os destinatários usarem como quiserem, então as intenções amarradas no cordão devem ser positivas e declaradas em termos gerais. Para magia mais específica, é sábio e ético envolver a pessoa a fazer a intenção, e quando possível, a fazer o próprio cordão.

Como usar o cordão

Uma etapa importante do projeto é decidir como usar o cordão. Quando terminar de confeccioná-lo, você pode usá-lo, mantê-lo próximo a si, colocá-lo em alguma coisa ou doá-lo. Se decidir usá-lo, indique a intenção ao colocá-lo. Se o mantiver próximo, declare a intenção sempre que o vir ou tocar. Se o colocar em algo, você pode declarar a intenção ao amarrá-lo no objeto. No caso de doar o cordão, imprima a intenção em um cartão e inclua o cartão no presente.

Cordões Pessoais

Você pode usar o cordão em volta do pulso, ou para segurar um pingente que usa no pescoço. Pode mantê-lo no bolso em uma pequena bolsa para proteção ou, se carregar uma bolsa de mão ou uma mochila, pode amarrá-la na alça ou colocá-la no bolso.

Cordões para família e amigos

Você pode presentear alguém com um cordão e orientar a pessoa a vesti-lo, colocar no bolso ou mantê-lo como um foco de sua magia para eles. Se estiver perto da pessoa e ela se sentir confortável o suficiente para lhe dar uma mecha de cabelo, você pode enrolar essa mecha no cordão para fortalecer a conexão de vocês. Para pessoas acamadas ou em cadeiras de rodas, um cordão pode ser amarrado à cadeira de rodas ou à cama.

Cordões para animais de estimação

Você pode prender o cordão a uma coleira. Para gatos que não toleram usar uma coleira, pode manter o cordão em um lugar seguro, por exemplo, amarrado ao redor do pescoço de uma estátua de uma Deusa como a Bastet egípcia, ou em um altar de casa que contenha objetos de proteção para casa. Pode também enrolar seu cabelo no cordão para fortalecer a conexão com eles. Para animais de estimação em gaiolas e aquários, pode colocar o cordão sobre ou sob seus recipientes.

Cordões para proteger a casa e seus pertences

Você pode pendurar o cordão em janelas, portas ou nos quatro cantos da casa. Com um carro, motocicleta ou bicicleta, amarre o cordão em volta do espelho retrovisor ou do guidão ou coloque-o no porta-luvas. Para malas, bolsas e pastas, amarre o cordão em torno das alças ou coloque-o dentro do bolso.

Amor e magia com as cordas

Além de usar um cordão de amor para prender um pingente, usar no pulso ou guardá-lo no bolso, pode também colá-lo atrás de uma fotografia de seu amante.

Termos de compromisso

Se fizer um cordão com seu parceiro, poderá mantê-lo como um artefato único. Uma opção é colocar o cordão em uma bolsa e colá-lo atrás de uma foto de vocês dois juntos. Se tiver um altar em uma casa, pode colocá-lo em uma caixa sobre ele. E pode também cortá-lo ao meio (fazendo dois nós e cortando entre eles) e cada um manter uma metade.

Liberando um compromisso

Se você já fez um cordão para um compromisso, pode usá-lo; se ainda não fez, pode fazer com intenção no relacionamento. Para fazer a separação, corte o cordão. Decida se prefere enterrar, queimar ou jogar o cordão em água corrente. Se for muita energia para processar tudo de uma vez, corte o cordão e, em seguida, coloque as peças em uma caixa até que esteja pronto para continuar o trabalho.

Como você pode ver na lista de possíveis intenções neste capítulo, a magia do cordão pode ser adaptada para virtualmente qualquer propósito mágico. Ela move a energia para a sua vida e limpa as energias que não servem mais a você. É importante deixar claro a intenção. Se tiver facilidade para escrever, pode ficar tentado a compor poemas rimados de acordo com suas intenções. Isso está perfeitamente bem! No entanto, é igualmente eficaz compor uma única frase clara. Em ambos os casos, se você condensar a intenção em uma ou duas palavras, poderá repeti-las enquanto estiver fazendo o cordão.

Proteção

A segurança é a prioridade mais importante. É difícil se concentrar em qualquer outra coisa se não se sentir seguro. Os cordões são os talismãs de proteção ideais. Eles podem ser amarrados em torno de pessoas e objetos para formar círculos de proteção e são versáteis e portáteis. As pessoas usam cordões para joias e para amarrar bolsas de bagagem para identificá-las rapidamente, ou seja, os cordões que você usa para pendurar seus pingentes ou proteger sua bagagem se misturam perfeitamente.

Para se proteger pode fazer cordões para vestir e também para proteger magicamente os lugares onde mora e trabalha. É particularmente importante se proteger ao viajar para longe de lugares e pessoas familiares. Você também pode estender a proteção a outras pessoas, incluindo familiares, amantes e amigos. Seus filhos e animais de estimação dependem literalmente de você para mantê-los seguros. Finalmente, você pode proteger o que possui. Isso inclui o conteúdo de sua casa, seu carro e outros meios de transporte e malas durante a viagem.

Segurança pessoal

Proteção contra ataques, lesões e infortúnios.

- Intenção para si mesmo: estou seguro e protegido de tudo que possa me prejudicar.
- Intenção para os outros: (nome) está seguro e protegido de todos os danos.

Proteção para Espaço Físico

Contra roubo, vandalismo e eventos elementares e naturais, incluindo incêndio, inundação, terremoto e tempestade.

- Intenção: este espaço é protegido de todos os danos.

Venha para casa seguro

Viaje e volte em segurança. Para você e para os outros.

- Intenção para si mesmo: eu viajo para (local) e volto para casa em segurança.
- Intenção para os outros: (nome) viaja para (local) e retorna para casa em segurança.

Você pode combinar a intenção de "voltar para casa seguro" com a intenção de "proteção pessoal" para crianças que vão à escola ou a outros locais. Isso também é útil para animais de estimação que vão para canis e que ficam fora de casa.

Fique comigo

Para proteger objetos físicos contra roubo.

- Intenção: este (item) está protegido de todos os danos, fica comigo e retorna para mim.

Exercício
PROJETE UM CORDÃO DE PROTEÇÃO

Agora é hora de escolher um propósito. Algo que será o resultado do que deseja ao fazer o seu cordão. A seguir, resuma esse propósito em uma única frase. Pode ser uma frase completa, como "Estou seguro ao caminhar do ponto de ônibus até minha casa", ou pode ser uma abreviatura, "Viagem segura agora!". Se você escolheu um segundo propósito, crie uma declaração de intenções para ele também. Em seguida, escolha a fibra que usará, o número de fios e as cores. Finalmente, depois de criar o cordão, qual finalidade dará? Você vai usá-lo, colocá-lo no bolso, amarrá-lo em alguma coisa, dar de presente?

Efeito	
Frase de propósito	
Segunda frase de propósito	
Número	
Cor	
Fibra	
Como eu uso o cordão	

Feitiço
CORDÃO DE PROTEÇÃO

Este é o meu design preferido quando estou trabalhando com pessoas e em lugares onde não me sinto física ou emocionalmente segura. Costumo adicionar uma pérola de cornalina ao cordão para proteção extra.

Efeito	Proteção física e emocional em situações ameaçadoras.
Frase de propósito	Estou cercada por um escudo de proteção.
Segunda frase de propósito	Aliados vem me ajudar quando necessito.
Número	Quatro.
Cor	Vermelho-escuro, laranja-escuro, roxo, marrom.
Fibra	Fio de algodão bordado.
Como eu uso o cordão	Junto à pele, fora de vista.

Saúde

Como seres físicos, somos suscetíveis a fragilidades físicas. Doenças, acidentes e defeitos são condições de vida, não punição divina, falha mágica ou sinais de falhas de caráter. Saúde não se correlaciona com realização espiritual ou superioridade moral. Cada pessoa tem o direito de encontrar significado em sua própria experiência de saúde e ninguém tem a sabedoria de julgar o significado de uma experiência de saúde para outra pessoa.

A crítica e o desmantelamento do racismo e do sexismo trabalham para estabelecer a igualdade para todas as etnias e gêneros. A crítica e o desmantelamento do apetite e do preconceito são menos desenvolvidos, mas cada um de nós, em algum ponto, distenderá um músculo, ficará com febre e ficará com o cabelo grisalho. As culturas mais saudáveis do mundo valorizam todos os seus membros igualmente, desde os mais jovens aos mais velhos, dos mais fortes aos mais frágeis. Poucos de nós temos a sorte de experimentar tal cultura; a maioria de nós vive em culturas que medem o valor pela capacidade de produzir trabalho às custas da conexão humana. Sejamos claros: toda a vida humana tem valor e todos nós merecemos cuidados.

Ao fazer mágica de saúde para outra pessoa, é importante verificar com ela para saber o resultado que deseja. Quando minha sogra me contou que seu médico disse que ela poderia viver até os cem anos, eu disse "Ótimo!" e ela disse "Por quê?" No momento em que não conseguia mais andar, ela decidiu interromper os tratamentos médicos e morreu pacificamente, aos noventa anos. Eu a teria empurrado alegremente em uma cadeira de rodas só pela alegria de sua companhia, mas não era isso que ela queria para si mesma.

Meu Coven se reuniu a cada Sabbat por mais de trinta anos. Como parte de nossos rituais, fazemos um trabalho mágico para as pessoas que nos pedem. Há sempre – sempre – um desejo de alguém para a recuperação da saúde, e esse desejo quase sempre é expresso de forma clara e específica.

A magia da saúde combina bem com a magia da prosperidade. Em algumas partes do mundo, os cuidados de saúde estão facilmente disponíveis e são baratos. Em outras – nos Estados Unidos em particular – os cuidados de saúde não são garantidos e são surpreendentemente caros; uma doença pode acabar com as economias de uma vida, e as despesas com saúde são uma das causas dos sem-teto. Ao projetar o cordão, você pode adicionar uma intenção de prosperidade a ele.

Os exemplos de intenções que veremos agora podem fornecer um ponto de partida para pensar sobre o que você quer ou falar com o destinatário da magia sobre o que ele deseja. Na magia da saúde, mais do que em qualquer outro tipo, é importante personalizar a frase de intenção para cada circunstância específica.

Manter a saúde

- Intenção para si mesmo: sou saudável e permaneço saudável.
- Intenção para os outros: (nome) é saudável e permanece saudável.

Vida longa e saudável

- Intenção para si mesmo: sou saudável e viverei o tempo que escolher.
- Intenção para os outros: (nome) vive uma vida longa e saudável.

Aumente a energia

Para melhoria geral da saúde e treinamento especificamente em atletismo, por exemplo, para uma maratona.

- Intenção para si mesmo: sou forte e minha energia aumenta.
- Intenção para os outros: (nome) é forte e a energia (dela) aumenta.

Recupere-se de uma doença ou de uma lesão

Para doenças de curto prazo, como resfriado, gripe e pneumonia, e lesões como ossos quebrados, músculos tensos e operações físicas.

- Intenção para si mesmo: eu recupero minha saúde rápida e completamente.
- Intenção para os outros: a saúde de (nome) retorna rápida e completamente.

Gerenciar a dor

- Intenção para si mesmo: minha dor diminui rapidamente e desaparece completamente.
- Intenção para os outros: (nome) a dor diminui rapidamente e desaparece completamente.

Engravidar

- Intenção para si mesma: fico grávida quando quero.
- Intenção para os outros: (nome) concebe na hora de sua escolha.

Gravidez fácil e parto bem-sucedido

- Intenção para si mesma: minha gravidez é normal e meu bebê nasceu com segurança.
- Intenção para os outros: a gravidez de (nome) progride normalmente, o bebê nasce rapidamente e mãe e bebê estão sãos e salvos.

Você pode adicionar os nomes dos pais biológicos à intenção, por exemplo "O filho de Jim e Tanisha nasceu saudável".

Saúde Menstrual

- Intenção para si mesmo: meu fluxo acontece normalmente todos os meses.
- Intenção para os outros: o fluxo (nome) acontece normalmente a cada mês.

Algumas mulheres sentem dor, fluxos intensos e períodos irregulares. Novamente, este é o caso em que a pessoa que recebe a magia deve especificar o resultado e não devemos presumir que a experiência que desejamos seria a que ela faria. "Normal" não significa "regular" ou "indolor", significa normal para essa pessoa. Se você ou a pessoa para quem está trabalhando deseja menos dor, o melhor é adicionar a intenção de "controlar a dor".

Esse resultado também pode abranger o desejo de evitar a gravidez. Ao elaborar intenções, é uma prática recomendada evitar o uso de negativos, como em "Eu não engravido". Desejar um fluxo mensal normal é uma maneira positiva de garantir que você não engravide. Você também pode dizer: "Eu continuo sem crianças".

Gestão da Perimenopausa

- Intenção para si mesmo: minha perimenopausa passa o mais rápido e sem dor possível.
- Intenção para os outros: a perimenopausa (nome) passa o mais rápido e indolor possível.

A perimenopausa é uma condição natural que envolve mudanças físicas. Algumas são bastante desconfortáveis, com ondas de calor e enxaquecas. No entanto, podemos não querer evitá-los completamente, porque parece haver uma ligação entre as ondas de calor e uma diminuição do risco de câncer de mama mais tarde na vida.[117] Este é um caso em que um desejo geral, como "o mais indolor possível" funciona melhor do que um desejo específico, como "sem dor".

O período de tempo da perimenopausa varia amplamente, de um ou dois anos a até dez. Muitas mulheres desejam que esse período de tempo seja o mais curto possível. Algumas mulheres gostam da mudança; outros desejam atrasá-lo e permanecer menstrual. No último caso, você pode adicionar "a perimenopausa começa o mais tarde possível".

Mente Forte e Memória

Para alunos e aprendizes ao longo da vida.

- Intenção para si mesmo: minha mente se fortalece e minha memória melhora.
- Intenção para os outros: (nome) a mente se fortalece e a memória melhora.

Sono reparador

- Intenção para si mesmo: caio no sono imediatamente e meu sono é profundo, pacífico e curativo.
- Intenção para os outros: (nome) tem um sono profundo, pacífico e curador.

A incapacidade de adormecer e continuar dormindo é tão comum que os feeds de notícias regularmente trazem conselhos sobre o assunto. O conselho geralmente inclui estabelecer um horário regular para dormir, evitar a cafeína antes de dormir e largar os aparelhos eletrônicos. Colocar um cordão para dormir pode ser adicionado a um ritual de sono.

---

117. Goodman, "Hot Flashes Linked to Lower Breast Cancer Risk".

Reter capacidade

- Intenção para si mesmo: meu corpo, mente e memória permanecem fortes.
- Intenção para os outros: (nome) corpo, mente e memória permanecem fortes.

A idade traz mudanças físicas que podem incluir diminuição da mobilidade, perda de memória e dificuldade para dormir. Esses efeitos podem começar mais cedo que esperamos. Nunca é muito cedo para adicionar uma intenção de retenção de capacidade a todas as mágicas de saúde.

Saúde mental

- Intenção para si mesmo: recebo os cuidados de que preciso.
- Intenção para os outros: (nome) recebe o cuidado de que necessita.

As doenças mentais, incluindo ansiedade, depressão, pensamentos suicidas e abuso de substâncias, afetam até um quinto da população americana.[118] Apenas cerca de metade das pessoas afetadas por doenças mentais recebem cuidados.[119] A doença mental ainda carrega um estigma social significativo e é uma das principais causas de falta de moradia. Esta é uma intenção importante a ser acrescentada ao seu kit de ferramentas de autocura e de curas a outros.

Felicidade

- Intenção para si mesmo: estou feliz.
- Intenção para os outros: (nome) está feliz.

A felicidade aqui é definida por cada pessoa que a deseja. A felicidade para alguns pode significar uma alegria vertiginosa, enquanto para outros significa paz e alívio da ansiedade. Pode ser um estado

---

118. National Alliance on Mental Illness, "Mental Health By The Numbers".
119. Estatísticas do Instituo Nacional de Saúde Mental do Estados Unidos.

estável, durando meses ou anos, ou pode surgir em alguns momentos durante as lutas da vida.

Esta é outra área que carrega o julgamento da sociedade. Quantos artigos você leu que dizem que "a felicidade é uma escolha"? É mais difícil ser feliz quando se está sem teto ou doente. Podemos alcançar a felicidade por meio das circunstâncias da vida ou por meio do trabalho em terapia ou meditação. Pode ser mais útil pensar na felicidade como uma espécie de graça: é um presente quando acontece, e somos gratos por isso; é também um dos presentes que desejamos às pessoas que amamos.

Gerenciar doenças crônicas

- Intenção para si mesmo: tenho o máximo de energia e o mínimo de dor e permaneço no controle da minha vida.
- Intenção para os outros: (nome) tem energia máxima e dor mínima e permanece no controle.

As doenças crônicas limitam a energia e podem causar dor contínua. Uma em cada três mulheres e um em cada dois homens poderão ter câncer; onde a recuperação é possível, requer atenção médica focada, que custa tempo, dinheiro e esforço para o paciente, bem como para sua família e amigos. Algumas doenças neurológicas e imunológicas não têm cura e envolvem perda progressiva de capacidade.

A experiência da doença crônica difere de pessoa para pessoa. Alguns podem experimentar um rápido declínio e passagem, enquanto outros podem viver com a doença por muitos anos. O trabalho mágico aqui é minimizar a dor, maximizar a energia e permitir que a pessoa retenha o máximo de controle possível sobre suas vidas.

Passagem Fácil

- Intenção para si mesmo: eu faço a passagem desta vida quando e como eu escolho.
- Intenção para os outros: (nome) faz a passagem desta vida quando e como ela escolhe.

A morte é uma parte natural da vida. O medo da morte é uma das grandes aflições de nossa espécie e a aceitação é uma de suas grandes liberações. Apoiei muitas pessoas durante suas passagens, jovens e idosos, e é uma experiência sagrada que me ajudou a aceitar minha própria passagem futura. É um grande presente oferecer este apoio às pessoas que amamos.

Essa intenção pode ser adicionada à de "gerenciar doenças crônicas" em um único cordão. Isso não significa que a pessoa vai fazer a passagem imediatamente! Ela afirma seu poder de tomar suas próprias decisões no momento certo.

Exercício
PROJETE UM CORDÃO DE SAÚDE

Mais uma vez escolha seu propósito. Este será o resultado que deseja ao fazer o seu cordão. A seguir, resuma esse propósito em uma única frase. Pode ser uma frase completa, como "Estou saudável e continuo saudável", ou pode ser uma abreviatura, "Saúde!". Se você escolheu um segundo propósito, crie uma declaração de intenções para ele também. Em seguida, escolha a fibra que você usará, o número de fios e suas cores. Pense também em como planeja usar o cordão depois de criá-lo. Você vai usá-lo, colocá-lo no bolso, amarrá-lo em alguma coisa, dar de presente?

Efeito	Frase de propósito	Segunda frase de propósito	Número

Cor	Fibra	Como eu uso o cordão	

Feitiço

CORDÃO DE SAÚDE

Embora eu tenha parado de fumar há trinta anos, ainda sinto alguma fraqueza em meus pulmões; resfriados da primavera costumam se instalar em meu peito. Uso um cordão de saúde para acelerar minha recuperação.

Efeito	Frase de propósito	Segunda frase de propósito	Número
Ficar saudável	Minha tosse some e minha garganta fica limpa	Eu me recupero rapidamente	Cinco
Cor	**Fibra**	**Como eu uso o cordão**	
Amarelo-claro, verde, azul, roxo, branco	Fio de algodão bordado	Usar no meu pulso até estar curada	

Prosperidade

Um por cento da população possui jatos, limusines e casas de veraneio. O resto de nós se equilibra entre o que queremos fazer com o que podemos fazer. Cada um de nós define prosperidade de maneira diferente, mas, em geral, uma pessoa próspera pode cuidar de suas próprias necessidades e ajudar os outros, ao mesmo tempo em que entende que todos precisam de ajuda em algum momento da vida.

Às vezes, quando leio conselhos sobre a magia da prosperidade, penso: "Sim, talvez funcione para alguém como você!". Gênero, raça, idade e nossa classe de nascimento afetam profundamente nosso acesso à riqueza. Não começamos todos em um mesmo campo de jogo de maneira uniforme.

Sou privilegiada em alguns aspectos e não em outros, como acontece com muitos de nós. Fui tão pobre que um quarto fez diferença para mim; passei muita fome. E já fui tão próspera que não precisei pensar no dinheiro que gastei e "cheguei lá", com uma combinação de privilégio, trabalho, sorte e magia. Mas também não fiquei lá – a prosperidade muda com a idade e as circunstâncias. Eu não era uma pessoa melhor quando era pobre, nem era melhor quando estava bem de vida. Qualquer melhora em meu caráter se deve à autorreflexão, à educação, ao trabalho comunitário, à meditação e ao trabalho espiritual.

Situação financeira não se trata do nosso valor, da nossa ética de trabalho, caráter ou habilidade mágica. É um fato da vida que precisamos administrar assim como administramos a saúde física, lidando com o que vem e fazendo o nosso melhor com o que temos.

A palavra "prosperidade" vem do inglês antigo, devido ao bem- -estar germânico, uma palavra que se referia tanto à saúde quanto à riqueza física.[120] A verdadeira prosperidade fornece os meios para manter nossa saúde e felicidade. Podemos trabalhar por um resultado de curto prazo (dinheiro para pagar uma conta) ou um resultado de longo prazo (estabelecer uma renda ou um lugar para morar).

Atrair dinheiro

- Intenção para si mesmo: o dinheiro de que preciso vem até mim.
- Intenção para os outros: o dinheiro chega a (nome).

Fique com o dinheiro

- Intenção para si mesmo: meu dinheiro fica comigo.
- Intenção para os outros: o dinheiro fica com (nome).

Este é um feitiço de proteção. Obviamente, é importante administrar e economizar dinheiro em todas as fases da vida e em todos os níveis de renda. Também é um fato da vida que as circunstâncias podem afetar profundamente nossa capacidade de manter a riqueza que construímos. Uma das minhas orações favoritas pede proteção contra "ladrões e assassinos", frase que inclui ladrões e capitalistas

---

120. Ayto, *Word Origins*. Palavra descendente do alemão ocidental pré-histórico *welon*, um derivado da mesma base que o inglês.

implacáveis! "Dinheiro" aqui significa qualquer tipo de prosperidade. Você pode substituir "riqueza" ou "propriedade" se preferir, ou usar todas: "Meu dinheiro, riqueza e propriedades ficam comigo."

Despesa de Capa

- Intenção para si mesmo: (despesa com nome) é paga.
- Intenção para os outros: (nome) (especificar despesa) é paga.

Uma despesa repentina, como contas de saúde, reparos no carro ou na casa, ou uma viagem inesperada pode prejudicar um plano de poupança. Essa intenção também funciona para despesas relacionadas a coisas que podemos querer realizar, como um projeto criativo ou férias.

Podemos não saber a extensão da despesa de uma só vez. Para exemplo, as contas de uma internação hospitalar podem chegar com o tempo. É por isso que é importante não especificar um valor, por exemplo "Eu recebo $1000", é melhor trabalhar para que a despesa total seja coberta.

Aceitação na escola

- Intenção para si mesmo: fui aceito na escola de minha escolha. Ou: sou aceito na melhor escola para mim.
- Intenção para os outros: (nome) é aceito na escola escolhida. Ou: (nome) é aceito na melhor escola para ele/eles.

Essa intenção se aplica a todos os níveis de ensino, da pré-escola à universidade. Os pais podem fazer a intenção para os filhos mais novos.

Estudos de sucesso

- Intenção para si mesmo: tenho sucesso nos estudos.
- Intenção para os outros: (nome) é bem-sucedido nos estudos.

"Estudar" aqui pode significar educação formal em todos os níveis, estudo para uma atividade ou profissão, além de educação continuada por si só. Aqui estão algumas ideias adicionais para adicionar à intenção:

- Tenho tempo para estudar.
- Eu tenho um lugar para estudar.
- Sou capaz de me concentrar.
- Minha família e amigos me apoiam.
- Eu tenho o professor certo.
- Aprendo rapidamente e me lembro do que aprendo.

Passar no exame (escolar e profissional)

- Intenção por si mesmo: eu passo no exame.
- Intenção para os outros: (nome) passa no exame.

A educação formal inclui o exame formal. Os profissionais também fazem testes para se qualificar para certificações e licenças; alguns testes, como o exame CPA, são notoriamente difíceis de passar. Todo motorista de veículo passa em um teste escrito e exame prático.

Algumas pessoas têm a sorte de enfrentar o teste com calma. Outros enfrentam uma ansiedade significativa, o que torna a experiência mais dolorosa e o teste ainda mais difícil de ser aprovado. Neste último caso, é útil adicionar energia calmante à intenção. "Estou com os pés no chão, calmo e com a cabeça lúcida durante o teste."

A intenção de "estudos bem-sucedidos" pode ser adicionada a isso para apoiar a preparação para o teste.

Encontre um bom emprego

- Intenção para si mesmo: eu consigo o emprego certo para mim.
- Intenção para os outros: (nome) consegue o emprego certo.

Para preencher essa intenção, faça uma lista das coisas que você procura em um emprego. Você quer horários flexíveis, um horário fixo, seguro saúde, alto salário, creche, um trajeto curto, a capacidade de trabalhar em casa? Classifique-os em ordem de prioridade, do primeiro ao último, e adicione suas principais prioridades à intenção.

- Consigo o emprego certo para mim e meus horários são flexíveis.
- Consigo o emprego certo para mim e minha agenda é estável.

- Consigo o emprego certo para mim com um seguro de saúde.
- Consigo o emprego certo para mim com um excelente salário e benefícios.
- Consigo o emprego certo para mim, incluindo creche.
- Consigo o emprego certo para mim com um trajeto curto e fácil.
- Consigo o emprego certo para mim que me permita trabalhar em casa.

Mantenha um emprego

- Intenção para si mesmo: eu mantenho meu emprego pelo tempo que quiser.
- Intenção para os outros: (nome) mantém o emprego pelo tempo que quiser.

Este é outro feitiço de proteção. É difícil conseguir segurança no emprego. É comum as empresas falirem e as corporações demitirem funcionários. Uma pessoa em posição de autoridade pode alvejá-lo por qualquer ou nenhum motivo, dificultando o progresso e até mesmo colocando em risco o seu emprego.

O assédio no local de trabalho também é comum. Você pode adicionar a intenção de que está seguro em sua posição. Uma situação insegura pode mudar quando colegas de trabalho e superiores intervêm para ajudar a aliviar as condições. Você pode adicionar esta intenção:

- Minha situação de trabalho é segura e recebo o apoio que preciso.

Sucesso nos negócios

- Intenção para si mesmo: eu tenho sucesso nos negócios.
- Intenção para os outros: (nome) tem sucesso nos negócios.

Existem muitas maneiras de se estar no mercado. Você pode ser autônomo, ter uma pequena empresa ou ser funcionário de uma grande empresa. O termo "negócios" abrange qualquer meio de ganhar a vida.

É possível ter sucesso vendendo muitas coisas ou algo valioso, deixando os clientes existentes felizes, conseguindo mais clientes ou impressionando seus colegas e empregadores. Você pode medir o sucesso pela quantidade de dinheiro que ganha, por quanto tempo livre obtém ou pelo quão feliz está fazendo o que faz.

Especifique qualquer uma dessas coisas em sua intenção. A simples afirmação "Tenho sucesso nos negócios" é um bom começo.

Lugar para viver

- Intenção para si mesmo: encontro o lugar certo para morar.
- Intenção para os outros: (nome) encontra a casa certa.

O lugar pode ser um quarto, um apartamento ou uma casa alugada. Você pode estar interessado em comprar um condomínio ou uma casa. Ou pode querer morar em uma pequena casa, trailer ou casa-barco.

Para preencher essa intenção, faça uma lista das coisas que você procura em um lugar para morar. Um aluguel baixo ou pagamento de hipoteca, um bairro específico, um determinado distrito escolar, perto de uma linha de ônibus, com muito espaço, incluindo um jardim ou quintal? Classifique-os em ordem de prioridade, do primeiro ao último, e adicione suas principais prioridades à intenção.

- Encontro o lugar certo para morar, que é fácil de pagar.
- Encontro o lugar certo para morar em (bairro).
- Encontro o lugar certo para morar perto de uma boa escola (ou nomeie a escola).
- Encontro o lugar certo para morar na minha linha de ônibus.
- Encontro o lugar certo para morar com tanto espaço quanto preciso. (você pode especificar o número de quartos, banheiros, espaços de trabalho).
- Procuro o lugar certo para morar que tenha quintal (ou jardim).

Transporte

- Intenção para si mesmo: eu acho o (nome do veículo) certo.
- Intenção para os outros: (nome) encontra (nome do veículo) certo.

O transporte pode significar uma bicicleta, motocicleta, carro, motorhome ou até mesmo um passe de ônibus. Para preencher essa intenção, faça uma lista das coisas que você procura em um veículo. Preço baixo ou custo mensal, alta quilometragem, baixa quilometragem total, espaço para várias pessoas? Classifique-os em ordem de prioridade, do primeiro ao último, e adicione suas principais prioridades à intenção.

- Acho o (veículo) certo muito barato.
- Eu acho o (veículo) certo com um pagamento mensal baixo.
- Acho o (veículo) certo com baixo consumo de combustível.
- Eu acho o (veículo) certo com pouca quilometragem total.
- Acho o (veículo) certo com espaço para (número de) pessoas.

Viajar por

- Intenção para si mesmo: eu viajo para (local) e retorno com segurança.
- Intenção para os outros: (nome) viaja para (local) e retorna com segurança.

Para preencher esta intenção, faça uma lista das coisas que deseja nesta viagem. Você está viajando com outra pessoa ou grupo? Quer gastar o mínimo de dinheiro possível? Quer ter certeza de ver ou fazer algo em particular? Algumas pessoas gostam de correr riscos pequenos ou mesmo grandes – a segurança é sua prioridade? Classifique-as em ordem de importância, da maior para a menor, e adicione suas principais prioridades à intenção.

- Eu viajo para (local) com (pessoa/grupo) e retorno com segurança. Nós nos damos bem e gostamos de viajar juntos.
- Eu viajo para (local) de maneira econômica e dentro do meu orçamento.
- Eu viajo para (local) e (vejo/faço algo particular).
- Eu viajo para (local) e permaneço saudável e seguro durante toda a viagem.

Presente de Prosperidade

- Intenção para os outros: (nome) é rico de todas as maneiras que deseja.

Um cordão de prosperidade é um lindo presente isolado ou adicionado a outro presente, para formandos, recém-casados, aniversariantes ou apenas porque você deseja dar um presente.

Exercício
PROJETE UM CORDÃO DE PROSPERIDADE

Escolha um propósito para ser o resultado que você deseja ao fazer seu cordão. A seguir, resuma esse propósito em uma única frase. Pode ser uma frase completa, como "O dinheiro de que preciso vem até mim" ou uma abreviatura "Dinheiro agora!" Se você escolheu um segundo propósito, crie uma declaração de intenções para ele também. Em seguida, escolha a fibra que usará, o número de fios e as cores. Finalmente, como planeja usar o cordão depois de criá-lo. Você vai usá-lo, colocá-lo no bolso, amarrá-lo em alguma coisa, dar de presente?

Efeito	Frase de propósito	Segunda frase de propósito	Número

Cor	Fibra	Como eu uso o cordão	

Feitiço
CORDÃO DE PROSPERIDADE

Fazer orçamentos é minha fraqueza. Estou constantemente pedindo dinheiro emprestado de minha conta poupança para cobrir uma despesa que esqueci de acrescentar. Este cordão aparece na minha rotação mágica com mais frequência do que eu gostaria!

Efeito	Frase de propósito	Segunda frase de propósito	Número
O dinheiro que eu fizer esse mês irá cobrir minhas necessidades	O dinheiro do qual preciso virá até mim	Manejo meu dinheiro para suprir minhas necessidades	Quatro
Cor	Fibra	Como eu uso o cordão	
Verde-escuro, azul-claro e azul-escuro, roxo-escuro	Fio de algodão bordado	Dentro da minha carteira	

Amor

Usamos a palavra "amor" para descrever a emoção que sentimos por um parceiro sexual, um parceiro conjugal, um pai, um filho, amigos, animais de estimação e o mundo natural. Nosso amor tem qualidades específicas e uma experiência única com cada um. Em cada caso, usamos a palavra "amor" para identificar um senso de conexão que é necessário para nosso bem-estar; na verdade, o sentimento é tão necessário que estamos dispostos a sacrificar parte ou todo o nosso bem-estar pelas necessidades das pessoas e do mundo que amamos. A primeira parte deste capítulo concentra-se especificamente em um relacionamento com um parceiro ou parceiros. Posteriormente, incluímos intenções para amigos e familiares.

O amor romântico evoca imagens do Dia dos Namorados, uma paixão nascente, encontrando um parceiro para a vida. Esperamos muito do romance! Nosso único e verdadeiro amor deve ser nosso melhor amigo, companheiro constante, fiel somente a nós. Não apenas isso, mas o relacionamento em si deve ser fácil – o parceiro deve "nos pegar" sem muito esforço.

Acontece que a descrição do amor romântico em romances e filmes de TV é uma grande fantasia, mas não um bom plano para o sucesso. Construir uma parceria de vida duradoura requer comunicação, compromisso e trabalho contínuo.

À medida que crescemos e mudamos nossas vidas, um relacionamento que funcionou bem pode não servir mais a um ou a ambos. O que significa quando nosso único e verdadeiro amor não nos ama mais? A primeira vez que me apaixonei, pensei ter encontrado minha alma gêmea, aquela que me completaria e estaria comigo por toda a vida. Quando esse relacionamento acabou, tive que descobrir uma nova maneira de pensar sobre o amor. Aprendi que existem muitas maneiras diferentes pelas quais as culturas organizam parcerias para a vida. Por exemplo, algumas culturas não esperam que os casamentos se desenvolvam a partir do relâmpago do romance, mas em vez disso, são arranjados por pais que procuram parceiros responsáveis e compatíveis para seus filhos. Parece que o amor pode se transformar em casamento, ou os cônjuges podem desenvolver amor com o tempo.

O amor também não é sinônimo de sexo. A atração física pode se desenvolver em apego emocional, mas certamente não precisa! Biologicamente, os humanos agem mais como nossos primos chimpanzés, que têm vários parceiros sexuais, do que animais como cisnes e grous, que acasalam entre si para o resto da vida. Isso desafia diretamente o ideal de um parceiro para toda a vida. Algumas pessoas esperam que os parceiros sejam sexualmente fiéis e se sentem traídas quando não o são, outras administram vários parceiros de forma ética.

O sexo em si é natural e saudável. Pode ser um exercício físico agradável, uma forma de se relacionar com amigos ou parceiros, uma experiência espiritual. Pode levar à gravidez, escolhida ou acidental. Infelizmente, também pode nos abrir para abusos físicos e emocionais.

Ao procurar parceiros sexuais, é importante ser ético em seus próprios relacionamentos, o que inclui contar a seus parceiros um sobre o outro e proteger sua saúde física. Também é importante se proteger física e moralmente, reconhecer o abuso, estabelecer limites e dedicar um tempo para se curar quando estiver ferido.

Se o amor romântico pode ser separado do casamento e do sexo, o que resta? Todo mundo tem uma resposta diferente para essa pergunta. Uma maneira de encarar o amor é estabelecendo uma conexão que fornece apoio emocional mútuo. Parte de nossa expectativa em relação ao amor romântico é que nosso parceiro seja nosso confidente e aliado principal. Isso não significa que devemos ter apenas um parceiro de apoio emocional. Você já conheceu um casal que só fazia coisas um com o outro? É uma escolha de vida válida e funciona para algumas pessoas, mas não é uma meta realista para todos os relacionamentos, e há riscos em colocar todos os seus ovos emocionais e financeiros na cesta de um único parceiro de vida. É normal e saudável querer um tempo para você e seus amigos.

Legalmente, na América de hoje, podemos casar com uma pessoa, divorciar-se e casar novamente, uma prática às vezes chamada de monogamia serial. No entanto, alguns de nós podem precisar ou querer ter mais de um relacionamento romântico simultaneamente. Isso faz parte da variação normal do comportamento humano. O poliamor incentiva a honestidade e a comunicação clara que pode levar a relacionamentos saudáveis e felizes. Se você e seu(s) parceiro(s) estão livres, é perfeitamente normal fazer um cordão para atrair outro amante!

O amor pode terminar bem ou pode terminar mal. Você e seu parceiro podem se separar pacificamente e permanecer amigos. Por outro lado, um ou outro pode ficar com muita raiva e tristeza. Às vezes, é necessário abandonar um antigo amor antes de estabelecer um novo. Em qualquer caso, fazer um cordão para o relacionamento e depois desenrolá-lo ou cortá-lo pode encerrar a conexão.

A maior parte da magia do amor concentra-se em receber magia, mas o amor também é dado. Às vezes, você pode se sentir seco e estéril por não ter recebido um amor sustentador. Então vai querer fazer mágica para se alimentar. Você pode optar por se concentrar na doação como um caminho de vida, aprendendo a amar mesmo em circunstâncias difíceis, protegendo-se de maneira adequada enquanto se torna um canal para o fluxo livre do rio de amor que sustenta a vida.

Encontrando Romance

- Intenção para si mesmo: estou aberto ao amor. Eu faço boas escolhas e encontro a pessoa certa para mim.
- Intenção para os outros: (nome) encontra romance na hora certa.

Grimórios antigos e livros de feitiços modernos às vezes davam instruções para direcionar a magia a uma pessoa específica para se apaixonar pelo operador do sortilégio. Hoje, isso é amplamente entendido como um uso antiético da magia. Em vez disso, focamos nossa magia em nós mesmos, trabalhando para atrair um bom parceiro que nos trate bem, além de nos prepararmos para sermos bons companheiros.

Vida Sexual Ativa

- Intenções para mim mesma: tenho uma vida sexual ativa.

Isso poderia ser uma pasta de trabalho à parte! Cada um de nós tem uma compreensão única do que significa sexo, do que gostamos e com quem o gostamos. Para uma vida sexual feliz, seu interesse emocional precisa corresponder à sua capacidade física e aos parceiros disponíveis.

A chave para o sucesso com esse propósito é reservar um tempo para deixar claro o que você gosta e o que deseja. Passe alguns minutos revisando suas experiências. O que você deseja repetir e o que deseja deixar no passado? Esta revisão inclui os atos físicos e a forma dos relacionamentos, como seus parceiros se comportaram com você enquanto compartilhavam sexo e como amigos.

- Aceito prazer.
- Eu sei o que me dá prazer.
- Comunico claramente o que quero de forma positiva.
- Comunico claramente meus limites.
- Eu encontro o ou os parceiros sexuais certos.
- Eu mantenho a mim e ao meu(s) parceiro(s) seguro(s).

Mantenha o amor forte

- Intenção por si mesmo: meu amor por (nome) fica mais forte.
- Intenção para os outros: o amor entre (nomes) fica mais forte.

Marcamos aniversários de relacionamento para celebrar a alegria de compartilhar nossas vidas e nosso sucesso em ultrapassar marcos. Cada relacionamento romântico tem um marco de história diferente, dependendo de nossas experiências anteriores e da interseção única de nosso personagem com o de nosso parceiro. Em geral, porém, os relacionamentos românticos tendem a começar com uma paixão intensa, uma euforia estimulante que pode durar alguns meses ou alguns anos. Quando esse brilho passa, o verdadeiro trabalho de construir uma vida compartilhada começa, o que vai exigir uma comunicação clara. Assim como a comunicação é fundamental para um relacionamento sexual saudável, também é essencial para o desenvolvimento de uma parceria. Saber o que você sente requer inteligência emocional, requer capacidade de reconhecer e nomear emoções e então comunicá-las. Inteligência emocional também significa reconhecer as emoções e necessidades de seu parceiro.

Você vai brigar com seu parceiro. Todo mundo briga – não é uma indicação de falha. Na verdade, é um sinal de que o relacionamento está amadurecendo. Negociamos a forma de nos relacionar por meio da resolução de conflitos. Isso não é óbvio, mas os líderes de comunicação sabem que a única resolução de conflito ganha-ganha é realmente ter o conflito. Você pode evitar o conflito retirando-se (nesse caso, suas próprias necessidades não serão atendidas) ou forçando uma vitória (nesse caso, as necessidades de seu parceiro não serão atendidas). Comunicar suas necessidades e ouvir as necessidades de seu parceiro dá ao relacionamento a chance de atender os dois e permitir que vocês se doem.

- Eu sei o que sinto.
- Comunico o que sinto e o que preciso com honestidade e bondade.
- Eu escuto meu parceiro com empatia.

Embora as discussões sejam um sinal de saúde, também é importante nutrir a felicidade compartilhada. O equilíbrio do conflito para a felicidade determina a qualidade e longevidade do relacionamento. Às vezes, isso significa liberar a desconfiança acumulada em relacionamentos anteriores. Você pode ter aprendido a rejeitar a felicidade para se proteger da dor de perdê-la, então talvez precise aprender a relaxar e aceitar a alegria do momento.

- Estou aberto à felicidade.
- Comunico minha felicidade ao meu parceiro.
- Crio momentos que nos dão a chance de sermos felizes.

Apoiando uns aos outros

- Intenção para si mesmo: eu apoio meu parceiro.

À medida que um relacionamento amadurece, começamos a entender as maneiras como podemos apoiar uns aos outros. Ter um parceiro significa ter alguém ao seu lado. Existem as provações do dia a dia: alguém o insultou, interrompeu seu percurso no trânsito, gritou com você? Existem os sucessos do dia a dia: você recebeu um elogio, alcançou uma meta, fez o dia de outra pessoa melhor? Compartilhá-los aumenta nossa confiança um no outro.

- Eu conforto meu parceiro e compartilho a felicidade dele.

Existem eventos de vida mais sérios também. As famílias têm marcos e crises: os pais ficam doentes, os irmãos se casam e se divorciam, os filhos precisam de cuidados. Seguir uma carreira ou abrir um negócio pode significar gastar muitas horas às custas das tarefas domésticas e do tempo de relacionamento. A qualquer momento, seu parceiro pode precisar de compreensão e apoio, ou você pode precisar de mais apoio e compreensão de seu parceiro. Ou pode também precisar de mais apoio do que seu parceiro é capaz de dar, portanto, a intenção pode incluir a possibilidade de obter apoio adicional de fora do relacionamento.

- Eu apoio meu parceiro nesta mudança de vida.
- Tenho o apoio de que preciso nesta mudança de vida.

Comprometimento

- Eu me comprometo com (nome) como meu parceiro.
- Comprometemo-nos uns com os outros como parceiros.

O suporte aumenta o comprometimento. As promessas que você faz e mantém para apoiar um ao outro podem ser a base de um voto de companheirismo. Você pode fazer um cordão para representar seu próprio compromisso ou fazer um cordão com seu parceiro para representar esse compromisso mútuo.

Conecte-se com amigos

- Intenção para si mesmo: encontro amigos que são certos para mim.
- Intenção para os outros: (nome) encontra os amigos certos.

O amor não é apenas sobre casamento e romance, é sobre amizade também. Todo ser humano precisa de outros seres humanos para se preocupar com eles. Todos os dias há pessoas que clamam nas redes sociais: "Não há ninguém aí que se importe? Eu estou tão sozinho."

Podemos definir amizade como uma conexão com alguém que não é parente ou parceiro romântico. Isso não torna os amigos menos importantes do que a família ou o parceiro, na verdade, eles são essenciais para o nosso bem-estar. São nossa família escolhida. Os amigos celebram nossos sucessos e nos ajudam a navegar por nossas perdas. É importante reconhecer a profundidade de nossos sentimentos pelos amigos. As amizades também têm um arco de história; elas podem se formar, mudar e terminar, ou podem durar toda a vida.

Família significa as pessoas que nos trazem fisicamente ao mundo e nos criam desde a infância até a idade adulta. Esses são nossos primeiros relacionamentos e, de muitas maneiras, modelam nossa experiência de vida. Embora você não tenha escolhido conscientemente os membros da sua família na infância, eles fazem parte da sua vida. Você pode pensar sobre eles magicamente da mesma maneira que pensa sobre os amigos que constituem a família que escolheu. Se o relacionamento com os membros de sua família for positivo, você pode recorrer à conexão para obter apoio. Se o seu familiar afeta sua vida negativamente, é importante traçar limites apropriados.

O amigo certo o ajuda a viver uma vida mais feliz e mais longa. O amigo errado pode criar dúvidas sobre si mesmo e afetar sua saúde. Como você pode saber a diferença? Um bom amigo tem uma visão positiva da vida e ouve você sem julgamento. Eles iniciam o contato e o acompanha para continuar se conectando. Em geral, você se sente melhor depois de passar algum tempo com eles.

A palavra "encontrar" nesta intenção abre a possibilidade de se conectar com outras pessoas. A mídia social nos conecta com pessoas que compartilham nossos interesses e que podem estar fisicamente distantes. Essas relações podem se desenvolver através de encontros individuais por chat de vídeo. Clubes e reuniões nos dão oportunidades reais de nos conectarmos fisicamente com as pessoas. Declarar a intenção, colocá-la em um cordão e usá-lo abre possibilidades mágicas para que essas conexões aconteçam.

- Intenção para si mesmo: sou um bom amigo.

A amizade é uma relação de mão dupla. Ser um bom amigo nos ajuda a encontrar e manter os amigos certos. Ser um bom amigo não significa deixar a outra pessoa ditar a forma do relacionamento! Se você está escondendo suas opiniões ou concordando com os desejos da outra pessoa, isso é um sinal para reavaliar o relacionamento.

Que tipo de amigo você gostaria de ter? Esse é o tipo de amigo que você deve ser. Todo relacionamento é um ciclo de feedback. Aqui está um jogo: da próxima vez que você estiver em uma fila de caixa no supermercado, pergunte ao balconista como está o dia dele, em seguida, ouça a resposta, depois sorria e diga algo alegre. Normalmente não leva muito tempo para levantar o ânimo de alguém. Perguntar ao seu amigo como ele está e ouvi-lo inicia o ciclo de feedback.

Um bom amigo retornará a pergunta – como você está? O desafio é resistir à tentação de se apresentar da melhor maneira possível. Em vez disso, responda honestamente – mesmo se estiver se sentindo para baixo ou derrotado, ou se sentir que mencionar sua boa sorte pareceria arrogante.

Círculo de Apoio

- Intenção para si mesmo: tenho o apoio de que preciso.
- Intenção para os outros: (nome) tem o apoio de que precisam.

Há momentos na vida de todos em que o fardo é muito grande para carregarmos sozinhos. Ficamos doentes, quebramos uma perna, fazemos uma cirurgia, perdemos um emprego ou uma casa, somos roubados. Perdemos um amigo ou amante ou um animal de estimação; animais de companhia estão tão próximos de nós que sua perda pode ser devastadora. Alguém próximo a nós morre.

Este é um teste de estresse para relacionamento. Se alguém próximo precisar de você, estará lá para ajudá-lo? E quando você precisa, seu pessoal o ajuda e oferece suporte emocional e físico? Apoiar uns aos outros durante os tempos difíceis fortalece os relacionamentos de maneiras reais e nutritivas.

O apoio pode vir de pessoas que já conhecemos e de pessoas que não conhecemos. Fiquei surpresa com a gentileza de conhecidos que me deram apoio genuíno quando eu precisei; eles estão no caminho certo para se tornarem verdadeiros amigos.

Pai amoroso e guardião da criança

- Intenção para si mesmo: eu sou um pai/mãe/guardião amoroso de uma criança.
- Intenção para os outros: (nome) recebe o amor de que precisa.

O amor é uma necessidade humana básica, assim como comida, água e ar. Cada criança requer cuidado e orientação amorosa enquanto cresce. A criança criada com fome, em lugares perigosos ou sofrendo abuso começa a vida com uma base instável – é possível superar, mas nenhuma criança merece isso. A família é o primeiro lugar onde as raízes do amor crescem.

Você pode direcionar sua magia a si mesmo para apoiar seu próprio crescimento como pai e responsável. E pode criar magia para crianças que não estão sob seus cuidados diretos e que precisam de apoio. Nesse caso, é importante expressar a intenção com cuidado.

Pode parecer a você que tirar a criança de casa ou fazer alguma outra mudança específica seria útil, mas uma intenção específica como essa corre o risco de interferir na dinâmica familiar e nos próprios desejos da criança. Dizer que a criança recebe o amor de que precisa é em geral o suficiente para permitir que as soluções certas se manifestem.

Comunicação clara entre os tutores infantis

- Intenção para si mesmo: eu me comunico claramente com (nome) sobre os cuidados (da criança). Nós mantemos o bem-estar e desejos no centro de nossas ações.

Algumas das situações mais difíceis de dialogar são as que mantemos com ex-namorados e ex-cônjuges que compartilham a guarda de uma criança. É normal e importante trabalhar para sua própria proteção e paz, além das necessidades da criança.

Amando a Criança Interior

- Intenção para si mesmo: tenho o amor de que precisava quando era criança.
- Intenção para os outros: (nome) tem o amor de que precisava quando criança.

Alguns de nós fomos criados em famílias que não nos cuidavam bem. Mesmo a infância mais feliz teve alguns momentos de carência. Nossos egos infantis ainda existem como sementes das pessoas que nos tornamos. Você pode fazer um cordão para se cuidar quando criança, dando a si mesma o apoio de que precisava na época e dando à sua criança interior o apoio de que você precisa agora.

Término de Relacionamento

- Intenção para si mesmo: eu me afasto de (nome).

Todo relacionamento tem um começo, um compartilhamento e um fim. A duração do relacionamento e o motivo do término são exclusivos de cada parceria.

O ideal romântico promete que, quando encontramos um parceiro, podemos assumir um compromisso "até que a morte nos separe", uma frase que se destina a se referir à morte física de nosso parceiro, mas o casamento para toda a vida é raro. Outra maneira de ver isso é que todo término de relacionamento é uma espécie de morte. Não somos mais quem éramos quando assumimos o compromisso inicial, e nosso parceiro também não é a mesma pessoa. Entender isso pode nos ajudar a navegar por qualquer culpa que possamos sentir por não termos cumprido o voto de compromisso. Talvez tenhamos cumprido o juramento, mas a morte deve ser reconhecida e a parceria encerrada para que ambos possamos seguir em frente.

Se você e seu parceiro têm um cordão de compromisso, você pode cortá-lo, juntos ou separadamente. Se não foi feito um cordão de compromisso, pode criar um representando o relacionamento e depois cortá-lo. Ao cortá-lo, diga: "Eu me afasto de você". Fique livre em adicionar qualquer uma das ideias citadas para completar a intenção.

- Intenção para consigo mesmo: nossa despedida é gentil e continuamos amigos. Eu traço limites apropriados.

Essa intenção de despedida funciona para parcerias românticas, amizades duradouras, membros da família e filhos. Alguns relacionamentos românticos terminam bem, com ambos os parceiros percebendo a necessidade de seguir em frente e trabalhando para manter amizades; para manter a separação suave, você pode meditar sobre como continuará a apoiar seu ex-parceiro, bem como não se relacionará mais com ele se for o caso; não fazer sexo é uma opção, por exemplo.

Pessoas que são os amigos certos para os outros podem não ser os amigos certos para você, e tudo bem. Existem também aqueles que sempre recebem mais do que dão – suas histórias são sempre sobre elas mesmas, ou elas esperam que você as localize e busque a amizade, ou o rebaixam de maneiras sutis ou abertas. É normal traçar o limite com essas pessoas. Com amigos e familiares, você pode meditar sobre as maneiras como não se relacionará mais e como está traçando e reforçando seus limites.

- Intenção para si mesmo: permaneço seguro e protegido enquanto me separo de (nome).

Algumas separações são mais difíceis. Seu ex-parceiro, parentes e amigos podem ficar zangados e até violentos. Isso é especialmente verdadeiro quando o parceiro foi manipulador ou abusivo. É normal não permanecer amigo de alguém que o prejudicou. Já sofri abusos e ajudei amigos que sofreram abusos a deixar seus relacionamentos. Se você está nesta situação, encorajo-o a saber que você merece estar seguro; entre em contato com seus amigos e sua comunidade para ajudá-lo a se sentir seguro.

- Intenção para si mesmo: meu coração se cura.

Por mais que um relacionamento termine bem ou mal, há um buraco em nossos corações onde antes ele morava. Você pode desconfiar de sua capacidade de amar novamente ou duvidar de seu próprio valor. O cordão do fim do relacionamento pode ajudá-lo a passar por essa experiência.

- Eu estou amando.
- Eu mereço ser amado.
- Eu dou meu amor onde ele é apreciado.

Ajudando a terminar um relacionamento

- Intenção para os outros: (nome) partes de (nome).
- Intenção para os outros: a separação de (nome) é gentil.
- Intenção para os outros: o coração de (nome) cura.

Quando as parcerias terminam, recorremos aos nossos amigos em busca de apoio e nossos amigos recorrem a nós. Você pode ser amigo de um casal que lhe pede para ajudá-lo a terminar o relacionamento. E pode também ter um amigo que precisa de apoio sem envolver o ex. Você pode criar um cordão para seus amigos como um presente mágico ou fazer isso com eles, como uma forma de processar a experiência.

Aproveitando o Poço do Amor

- Intenção para si mesmo: eu tiro do poço do amor.
- Intenção para os outros: (nome) provém da fonte do amor.

O amor entra em nossas vidas de muitas maneiras, por meio da família, das amizades, dos relacionamentos românticos. As intenções aqui cobrem apenas algumas das possibilidades do amor. Uma intenção mais geral pode manter as possibilidades mágicas mais abertas.

Há momentos em que parecemos sozinhos, quando nossas vidas são cheias de dor ou críticas, e nenhum relacionamento nos alimenta. Outras vezes, as pessoas ao nosso redor nos enchem de amor, mas achamos difícil retribuir o carinho. Nesses casos, você pode precisar se concentrar na fonte do amor dentro de si mesmo. Dar amor estabelece uma conexão que possibilita receber amor em troca.

Exercício
PROJETE UM CORDÃO DE AMOR

Escolha um propósito para ser o resultado que você deseja ao fazer seu cordão. A seguir, resuma esse propósito em uma única frase. Pode ser uma frase completa, como "O amor está em minha vida" ou uma abreviatura, "Amor!" Se você escolheu um segundo propósito, crie uma declaração de intenções para ele também. Em seguida, escolha a fibra que você usará, quantos fios e quais cores eles terão. Finalmente, decida como planeja usar o cordão depois de criá-lo. Você vai usá-lo, colocá-lo no bolso, amarrá-lo em alguma coisa, dar de presente?

Efeito	Frase de propósito	Segunda frase de propósito	Número

Cor	Fibra	Como eu uso o cordão

Feitiço
CORDÃO DO AMOR

Gosto de ser útil e de dar apoio aos outros. Às vezes eu puxo minha própria energia e preciso ser apoiada, mas é difícil para mim pedir apoio, nem sempre o reconheço quando é oferecido. Este cordão me lembra que tenho pessoas que se preocupam comigo.

Efeito	Frase de propósito	Segunda frase de propósito	Número
Eu reconheço e aceito suporte	Meus amigos e amores me amam de volta	Meu coração está aberto ao amor	Três
Cor	Fibra	Como eu uso o cordão	
Vermelho-claro, laranja, amarelo-claro	Fios de lã	Novelo de lã	

Aspiração Espiritual

- Intenção para si mesmo: minha vida tem sentido e propósito.
- Intenção para os outros: a vida (nome) tem significado e propósito.

Tendo proteção, saúde, bem-estar e amor como nossa base sólida, podemos voltar nossa atenção para uma vida significativa. Cada um de nós tem a tarefa de encontrar seu próprio significado. Enquanto algumas tradições interpretam nosso propósito mágico como o de nos desenvolvermos como a melhor pessoa que podemos ser, outras exigem uma conexão com os outros para ajudá-los a alcançar seu propósito. Por exemplo, o voto do Bodhisattva budista renuncia à conquista final do despertar espiritual até que todos os seres sencientes também atinjam esse objetivo.

Acesse Conhecimento Espiritual

- Intenção para si mesmo: o conhecimento de que preciso vem até mim.
- Intenção para os outros: (nome) tem o conhecimento de que precisam.

O conhecimento chega até cada um de nós na forma de livros, vídeos, amigos e lampejos de percepção. Esta é uma boa intenção quando se inicia no caminho mágico ou quando se sente preso e procurando por uma nova direção.

Conheça o professor certo

- Intenção para si mesmo: encontro o professor certo para mim.
- Intenção para os outros: (nome) encontra o professor certo.

Você pode preferir aprender com um professor ou com vários professores. Onde um caminho espiritual requer iniciação, você precisará ter uma conexão com um professor.

Encontre amigos espirituais

- Intenção para si mesmo: estou cercado de amigos que apoiam meu caminho espiritual.
- Intenção para os outros: (nome) é cercado por amigos que apoiam seu caminho espiritual.

Seguir um novo caminho pode trazer todo um novo conjunto de amigos. Também é verdade que às vezes as pessoas que mudam de caminho espiritual descobrem que sua família e amigos têm dificuldade em aceitar isso. Podemos trabalhar para atrair o apoio de nossos amigos, dos já existentes e de novos.

Exercício
PROJETE UM CORDÃO DE ASPIRAÇÃO ESPIRITUAL

Escolha um propósito para ser o resultado que você deseja ao fazer seu cordão.

A seguir, resuma esse propósito em uma única frase. Pode ser uma frase completa, como "Eu vivo uma vida espiritual", ou pode ser uma abreviatura "Espírito!" Se você escolheu um segundo propósito, crie uma declaração de intenções para ele também.

Em seguida, escolha a fibra que você usará, o número de fios e as cores. E, finalmente, como planeja usar o cordão depois de criá-lo. Você vai usá-lo, colocá-lo no bolso, amarrá-lo em alguma coisa, dar de presente?

Efeito	Frase de propósito	Segunda frase de propósito	Número
Cor	Fibra	Como eu uso o cordão	

Feitiço
CORDÃO DE ASPIRAÇÃO ESPIRITUAL

Eu trabalho como professora e aluna em grandes grupos de pessoas e círculos íntimos, e também sentada sozinha em meu assento de meditação, onde contemplo as formas como o espírito se manifesta no mundo. Este cordão me lembra que, mesmo quando estou sozinha, estou rodeada de amor.

Efeito	Frase de propósito	Segunda frase de propósito	Número
Experimentar o amor do espírito todos os dias	Eu experimento paixão, excitação, inspiração, crescimento e paz	Eu reconheço o espírito fora de mim e dentro de mim	Nove
Cor	Fibra	Como eu uso o cordão	
Vermelho, laranja, amarelo-escuro, azul, roxo-claro, branco, cinza, preto	Fio de algodão bordado	Marcador de páginas para estudos espirituais	

Onde nossas necessidades são atendidas e nosso propósito é claro, a vida se torna alegre. Podemos aprender devido ao conhecimento, viajar por causa da experiência, conectar-nos com outras pessoas pela amizade. Podemos explorar o mundo espiritual e meditar nas grandes questões: como funciona o Universo e qual é o meu lugar nele?

Capítulo 8
Nó mágico

A magia com nó é uma parte importante da magia com cordas, tão importante que, quando digo "magia das cordas", as pessoas costumam entender que estou falando de "magia do nó". Pessoalmente, penso que trabalhar com cordas é como lidar com uma magia primária, tendo o trabalho com o nó como forma de moldá-la. Mas se você quiser pensar na magia do nó como primária e no fio como o portador, pode considerar a torção da corda como uma espécie de nó!

Amarrar e soltar é uma velha descrição da magia. Os nós estão amarrados para todos os fins concebíveis – atrair boa sorte, reunir amantes e manter o infortúnio sob controle.

Existem três maneiras pelas quais um nó manipula a energia de uma corda. Os nós são feitos para:

- Fazer algo acontecer
- Conter ou manter uma energia
- Armazenar energia para ser liberada mais tarde

Energia em Nós

Um nó se torna um desejo quando o amarramos para fazer algo acontecer. Os cordões capturam energia para resultados de longo prazo, como proteção, prosperidade e amor. Um nó impulsiona uma energia mais específica e imediata. Por exemplo, você pode fazer um cordão para a prosperidade geral e dar um nó nele para atrair dinheiro e pagar uma conta repentina.

Exercício
ATRIBUINDO DESEJOS AOS NÓS

Intenção: escreva uma frase descrevendo sua intenção. O capítulo 7, que fala sobre propósitos mágicos, lista muitos exemplos de intenções. Copie a intenção claramente em um cartão, um tipo de índice. Coloque a data (incluindo o ano) neste cartão.

Escolha um cordão: pode ser um que já foi criado ou pode criar um especificamente para esse propósito. Você pode usar um cordão de fio único para um nó.

Fale a intenção: segure o cordão em suas mãos. Fale o propósito claramente por cima dele.

Dê o nó: dê o nó frouxamente para que possa ser desamarrado facilmente. Ao dar o nó, diga: "Com este nó, o desejo está selado."

Guarde o cordão: coloque o cordão e a ficha catalográfica em uma pequena bolsa ou saco de tecido. Você pode carregá-lo ou mantê-lo perto de sua cama.

Quando o objetivo for alcançado: Sucesso! O desejo se tornou realidade. Você passou no teste, agora dirija o carro novo, mude para a nova casa ou tenha aquele almoço programado com um novo amigo. Em seguida, desamarre o nó e diga: "O trabalho está feito."

Você pode continuar usando o cordão para outros fins ou pode decidir se desfazer dele.

Os nós carregam energia

Podemos dar um nó para fazer algo acontecer. Também podemos dar um nó para evitar que algo aconteça. O nó coloca a energia em um controle mágico, mantendo a própria energia presa dentro dele. Esta magia é usada com muito menos frequência do que as de desejos com nós, porque é complicado acertar a intenção. No capítulo 7, aprendemos que é importante evitar o uso de termos negativos e, em vez disso, criar intenções como resultados positivos. Se você está pensando em evitar que algo negativo aconteça, veja se consegue encontrar uma maneira de expressar isso como algo positivo acontecendo.

Dito isso, há casos em que a energia positiva de contenção é útil. Em vez de pensar nisso como uma prevenção, é útil pensar sobre o nó como algo que captura alguma coisa e a contém. Não é desviar a energia, mas sim colocá-la em espera, aqui estão alguns exemplos:

- Sentindo-se em espera: você sente atração sexual por um amigo, mas não quer agir sobre isso. A intenção poderia ser: "Minha atração física está em espera e continuamos amigos".
- Manter um segredo: aconteceu algo que você deseja manter em segredo ou prometeu manter um segredo para outra pessoa. A intenção poderia ser "Este segredo está amarrado neste nó".
- Capacidade de retenção: você deseja interromper a progressão de uma condição física, como uma doença dentária, artrite, um distúrbio neurológico ou uma simples idade. A intenção poderia ser: "Minha condição permanece estável".

Exercício
RETENDO DESEJOS NOS NÓS

Intenção: escreva uma frase descrevendo sua intenção. Evite termos negativos como "não", "nunca" ou "não faça". Concentre-se no resultado positivo que você deseja – privacidade, saúde, amizade. Copie a intenção claramente em um cartão de índice. Coloque a data (incluindo o ano) no cartão.

Escolha um cordão: pode ser um que já foi criado ou pode criar um especificamente para esse propósito. Você pode usar um cordão de fio único para uma retenção no nó.

Fale a intenção: segure o cordão em suas mãos. Fale o propósito claramente por cima dele.

Dê o nó: ao dar o nó, diga: "Esta intenção dura enquanto este nó durar."

Guarde o cordão: coloque o cordão e a ficha catalográfica em uma pequena bolsa ou saco de tecido. Se você está trabalhando para evitar algo, pode usar um saco plástico e guardá-lo com segurança com as suas outras ferramentas mágicas e talismãs.

Reveja a intenção: se o cordão está mantendo uma energia em espera, você pode revisar a intenção ocasionalmente para ter certeza de que ainda lhe serve. Seu amigo pode se mudar ou seus sentimentos podem mudar e você não se sente mais atraído por eles. O segredo não é mais importante e você se sentiria melhor compartilhando-o ou será liberado de guardá-lo. Seus objetivos de saúde mudaram e exigem que uma intenção seja declarada de forma diferente.

Se você decidir liberar a intenção, uma vez que o cordão o segurou por tanto tempo, é melhor não tentar reaproveitá-lo, mas desfazer dele.

Nós armazenam energia

Os nós pontuam a energia de um cordão. Assim como podemos dar um nó em uma corda de uso geral para um desejo específico, podemos dar um nó em uma corda para armazenar sua energia a ser liberada mais tarde, quando desatarmos o nó.

Eventos climáticos são ótimos exemplos. Os marinheiros usam os nós para capturar os ventos e liberá-los. Você pode fazer um cordão de chuva usando as cores do céu e da água. Para usá-lo, fique na chuva e dê vários nós, dizendo a cada vez: "Este nó segura a chuva". Quando o tempo local ficar seco e você precisar regar o jardim, desamarre o nó e diga: "Chuva suave, venha e caia." Essa também é uma maneira interessante de capturar a energia de eventos como eclipses solares e lunares.

Outro exemplo é um cordão de amor. As circunstâncias o separarão por um tempo de alguém que você ama, um amante de longa distância ou uma criança. Faça um cordão de amor e dê nós nele, dizendo a cada nó: "Eu te amo". A pessoa que recebe o cordão pode desatar um nó sempre que desejar especialmente sentir o seu amor por ela.

Ao capturar energia, você pode ter que improvisar. Certa vez, quando estava visitando Minneapolis, houve uma terrível tempestade. Eu estava conversando com alguns amigos sobre como eles capturaram a energia da tempestade. Rapidamente, vasculhei minha mala para encontrar qualquer tipo de corda e encontrei um pedaço de barbante. Corri para a tempestade e dei três nós de captura. Coloquei o barbante em um pequeno saco plástico com uma nota que dizia "trovoada, Minneapolis" e a data. Quando cheguei em casa, enfiei um pedaço de corda vermelha em minha mala para a próxima vez que tiver a chance de recuperar energias!

Exercício
ENERGIA ARMAZENADA

Escolha um cordão: em qualquer propósito, você pode dar um nó para reter a energia até que esteja pronto para usá-la. Você pode criar um novo cordão ou usar um já criado.

Dê o nó: dê o nó frouxamente para que possa ser desamarrado facilmente. Ao dar o nó, diga: "Este nó contém esta energia."

Ofereça ou guarde o cordão: para presentear com o cordão, pode colocá-lo em uma pequena bolsa ou saco de tecido. Para armazená-lo, pode colocá-lo em um saco plástico com uma anotação sobre a energia captada, com a data (incluindo o ano) e o local se apropriado.

Para usar o cordão: desamarre o nó, dizendo "Esta energia se manifesta agora". Quando todos os nós estiverem desamarrados, você pode amarrar novos ou pode reciclar o cordão se a finalidade não for mais adequada.

Amarrando um Nó

Os nós variam de simples e cotidianos a elaborados trabalhos rituais. Ao dar nós em cordas, você pode usar qualquer modelo com o qual se sinta confortável. Este livro usa três tipos de nós: o nó overhand, o nó duplo overhand e o nó em oito. Isso nos permite amarrar três nós diferentes em uma corda para que possamos ver a diferença entre eles. É útil usar barbante doméstico ou outro fio resistente enquanto aprende a dar os nós.

Nó overhand (nó por cima)

É muito provável que você já conheça esse nó; é o mais usado na vida cotidiana. Para fazer um nó overhand, faça um laço no cordão. Cruze a extremidade mais longa em cima da extremidade curta. Insira a ponta curta através do laço na direção oposta a você. Puxe em ambas as extremidades.

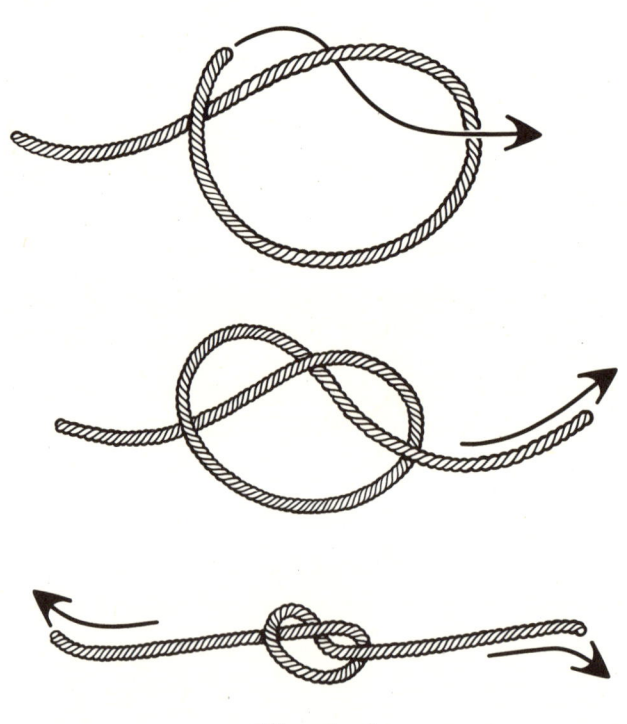

Nó overhand

Nó overhand duplo

Para fazer um nó duplo overhand, faça um laço no cordão. Insira a ponta curta no laço e, em seguida, insira a ponta curta no laço novamente. Agora puxe as duas pontas. Você vai acabar com dois nós muito próximos um do outro.

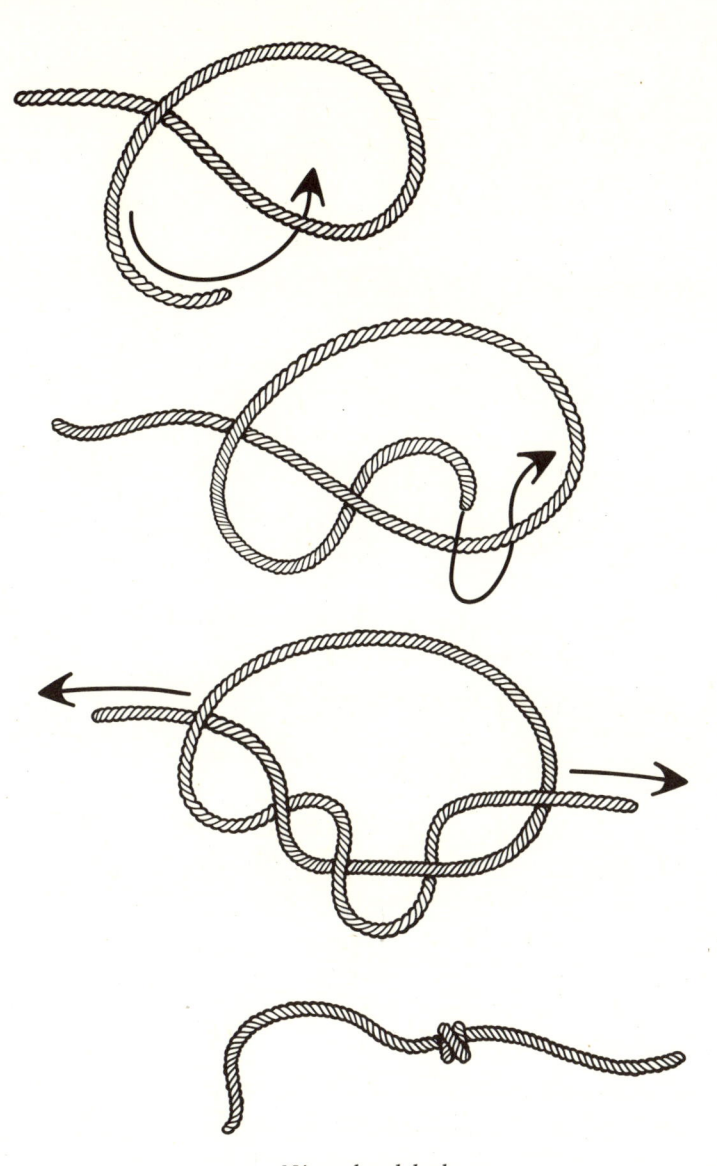

Nó overhand duplo

Nó em Oito

O nó em forma de oito começa como um nó overhand. Faça um laço na corda. Insira a ponta curta através do laço. Mas desta vez faça outra curva com a extremidade curta, de modo que a ponta esteja vindo em sua direção quando puxá-la. Agora puxe as duas pontas. Você acaba com um nó que parece um oito.

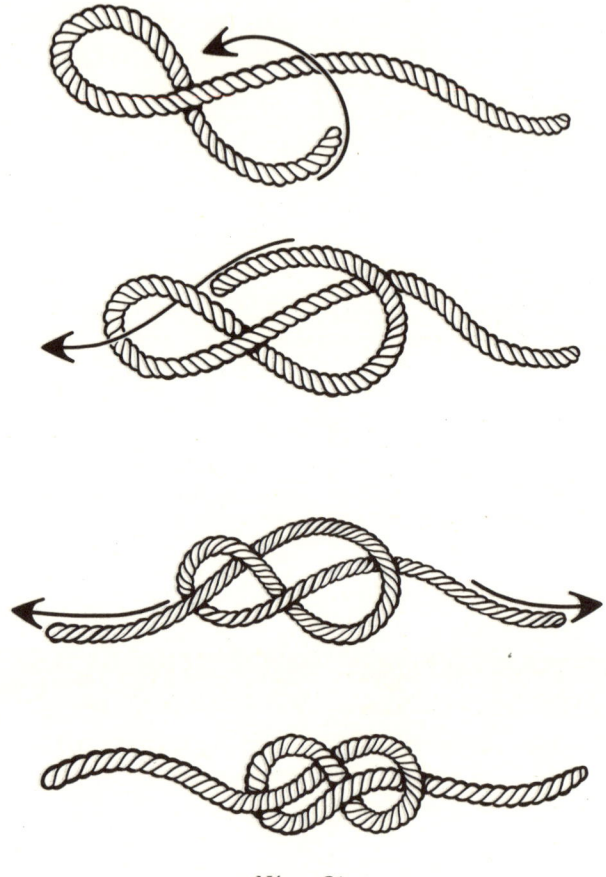

Nó em Oito

Amarre os três nós diferentes no mesmo pedaço de corda para saber a diferença entre eles. O nó duplo overhand é claramente maior do que o nó overhand. Você pode dar o nó em oito frouxamente, para que possa ver facilmente a diferença entre ele e o nó duplo overhand.

Você pode usar o nó overhand para qualquer amuleto feito com nó deste livro, desde que requeira um ou vários nós para o mesmo propósito. E pode usar também esses três nós para qualquer amuleto de nó que requeira nós diferentes. O mundo dos nós é fascinante e você pode adicionar à sua coleção com livros e vídeos de instruções.[121]

Usando Números em nós mágicos

Neste livro, usamos significados numéricos para escolher o número de fios de um cordão. Você também pode simplesmente usar um único fio de lã e, em seguida, usar os significados dos números para determinar quantos nós amarrar.

Outra maneira é combinar o número de fios com o número de nós para criar seu cordão. Você pode usar o mesmo número para os fios e os nós. Por exemplo, você pode criar um cordão elemental com quatro fios e depois dar quatro nós para os quatro elementos. Pode também usar um número diferente de nós em uma corda para trazer um significado adicional, como criar um cordão com quatro fios para representar os quatro elementos e, em seguida, dar sete nós para representar os planetas associados aos dias da semana.

Referência rápida
NÚMEROS NA MAGIA COM NÓ

Fios	Nós
Cordão com fio único	Apenas um nó
Cordão com fio único	Diferente número de nós
Cordão com vários fios	Mesmo número de nós
Cordão com vários fios	Diferente número de nós

121. Um livro muito útil é o *Why Knot?: How To Tie More Than Sixty Ingenious, Useful, Beautiful, Lifesaving, Magical, Intriguing, And Secure Knots!*, de Philippe Petit.

Desfazendo um nó

Se você sabe que vai desatar o nó no futuro, então é útil mantê-lo um pouco frouxo. Nós muito apertados são mais difíceis de separar. Em geral, ao separar um nó, descubra onde o fio se sobrepõe e afrouxe suavemente as duas pontas dele. Você pode precisar inserir um objeto fino e pontudo no nó, como um palito de dente ou uma caneta, para iniciar o processo de afrouxamento.

Algumas fibras são mais fáceis de separar do que outras. De modo geral, quanto maior a fibra, mais fácil é de separar o nó. Cada novelo de linha de bordado é, na verdade, composto de seis fios separados enrolados juntos; ao separá-los, existe o perigo de partir a corda.

Alguns cordões desenvolvem nós acidentalmente ao se enredar em outras joias e talismãs. Se possível, é sempre melhor desatar o nó. Mas se o emaranhado for realmente difícil, pode ser necessário cortar o nó com uma tesoura ou pode decidir cortá-lo com um ato mágico. Cortar um nó libera a energia armazenada nele. Um nó acidental ou amarrado com uma intenção gentil irá liberar sua energia armazenada facilmente para ser dispersa calmamente no ambiente. Um nó que foi amarrado com uma intenção mais séria pode estar segurando uma carga de magia nele. Em último caso, é uma boa ideia cortar o nó do lado de fora, na grama ou embaixo de uma árvore, para que a energia possa ser absorvida pelo meio ambiente em vez de ficar em você ou permanecer em sua casa.

Exercício
CORTE UM NÓ

Limpe e solte o cordão: limpe o cordão com água como fez com o projeto "Desfazendo um Cordão" (capítulo 3). Desenrole o cordão o máximo que puder.

Corte o nó: toque no nó com sua tesoura, dizendo: "Você cumpriu seu propósito, seja lançado ao mundo". Segurando o fio longe do corpo o máximo que puder, corte o nó com decisão.

> **Dica:** uma tesoura afiada cortará o nó com mais facilidade. Alguns dispositivos para afiar facas de cozinha também servem para afiar tesouras.

Outros Trabalhos manuais com Fios

O foco deste livro está na magia das cordas, e não na arte do cordão. Existem tantos livros e tutoriais que ensinam fazer artesanatos com fibras, que não há razão para duplicá-los aqui. No entanto, para quem já trabalha com fibra, aprender a projetar um cordão pode abrir um novo mundo de criatividade. Você pode adaptar facilmente os métodos de design deste livro para criar talismãs e presentes mágicos com os trabalhos manuais que já aprendeu.

Tricô e Crochê

O tricô e o crochê criam peças quadradas, como xales e cobertores; peças redondas como chapéus e meias; e roupas como suéteres e coletes que são criados em várias peças e depois unidos. Podemos transformar essas peças em artefatos mágicas com nossas escolhas de design. Todos os trabalhos feitos com fios envolvem fazer escolhas de fibras e de cores e usar números na contagem de pontos e linhas. Cada um desses elementos pode fornecer significado a uma intenção mágica.

Quem faz trabalho manual costuma fazer peças para dar de presente. Se estiver fazendo um cobertor para um bebê ou um chapéu para um amigo, você pode falar a intenção do presente no início do processo e meditar sobre isso enquanto faz o presente. Devido a maneira como esses artesanatos recebem laços nos fios, podemos pensar em tricô e crochê como uma série de nós que selam a intenção da peça.

Por exemplo, em um Yule tricotei chapéus elementais para pessoas que me pediram. Usei tons de verde para a Terra; azul-claro para o Ar; azul mais escuro para Água e tons quentes de vermelho, amarelo e laranja para o Fogo. Eu até fiz um chapéu lilás e roxo para uma pessoa que escolheu o Espírito como seu elemento! Enquanto tricotava os chapéus, pensei no elemento e em como ele se encaixava bem na pessoa que o escolheu.

Trabalhos manuais trançado: macramê e trigo

Macramê e tecelagem de trigo são técnicas que pegam materiais naturais e os trançam juntos. O macramê também pode envolver o costume de fazer uma série de nós nos materiais.

Os artesanatos trançados usam materiais que são naturalmente em tons mais queimados e marrons, como a juta, o cânhamo e talos de trigo ou grama. Ao contrário da linha de tecido, esses materiais são rígidos e mantêm sua forma quando trançados. Muitos trabalhos simplesmente usam as cores naturais dos materiais. Alguns artesãos que trabalham com macramê usam corda e cordão de varal, que vem na cor branca. Também é possível encontrar juta e cânhamo tingidos em várias cores, especificamente para projetos de macramê.

Devido à natureza do ofício, quase todos os trabalhos usam uma paleta de cores limitada, muitas vezes apenas uma única cor, então não há tanta chance de construir uma intenção mágica com a cor. No entanto, os trabalhos manuais trançados oferecem a oportunidade de escolher números magicamente significativos. Por exemplo, no macramê feito com nós, você pode escolher um número significativo para o número de nós de largura e também o número de linhas ao longo da peça. Uma peça elementar pode ter quatro ou oito nós de diâmetro e múltiplos de quatro ou oito linhas para fazer todo o trabalho. Você pode fazer quatro cortinas em cada uma das cores dos elementos, ou fazer uma com listras coloridas.

Com macramê você pode criar peças planas e redondas, que ficam penduradas na parede, ou peças de cesta penduradas no teto. Esta embarcação combina bem com intenções mágicas para a família, para proteger a casa, atrair prosperidade e criar um ambiente seguro e acolhedor para a família e amigos.

A tecelagem do trigo é uma arte popular que se desenvolveu especificamente para trazer bênçãos para a casa. Minha peça favorita está pendurada na minha sala de estar. É uma tecelagem de trigo de doze talos com um belo padrão, que captura o desejo de que a casa se encha de felicidade. Funcionou como um encanto por muitos anos.

Tecelagem comum ou com alfinetes

A tecelagem cria tecido ao amarrar fileiras de linha em uma teia e, em seguida, passar esses fios, chamados de *trama*, pela teia para criar o tecido entrelaçado. A tecelagem é a aula magna das artes com fibras. Requer algum tipo de tear, um professor para mostrar como fazê-lo e tempo para dominar as técnicas. Eu estimo os xales que meus amigos fizeram para mim pela habilidade envolvida em sua criação, sua beleza e as expressões de afeto que eles me dedicaram.

Aqueles de vocês como eu, que não se sentem chamados a dominar a tecelagem, ainda podem experimentar técnicas de tecelagem em um pequeno tear chamado *tear de alfinetes*. Comecei com o livro *100 Pin Loom Squares,* de Florencia Campos Correa, e o Kit *DIY Weaver,* de Martha Stewart, que permitem o tamanho dos quadrados ajustáveis.

Esta é uma ótima maneira de usar pequenas pontas de fio. Os teares de alfinetes permitem que você faça um quadrado de uma ou várias cores. O primeiro quadrado que fiz usou as cores elementares, é claro!

Referência rápida

USANDO CORES E NÚMEROS EM OUTROS TRABALHOS MANUAIS COM FIOS

Números em tricô ou crochê
- Número de pontos em uma linha ou corrente
- Número de linhas ou cadeias
- Número de polegadas de largura e comprimento da peça acabada
- Número de cores
- Número de adições, como contas

Cores em tricô ou crochê

- Uma única cor de fio
- Única meada de fio multicolorido
- Duas ou mais meadas de cores diferentes usadas na peça

Número na tecelagem

- Número de fios de urdidura
- Número de passes de trama
- Número de polegadas de largura e comprimento da peça acabada

Cor na tecelagem

- Cor na urdidura e técnica que mostra a cor
- Cor única na trama
- Várias cores na trama

Tricô, crochê, trança e tecelagem são maneiras de amarrar os fios. Podemos pensar em todos eles como elaborações sobre a torção básica e o nó básico.

Com um bom conhecimento de cor, número, fibra, finalidade e uso de nó, estamos bem equipados para elaborar nossos próprios projetos de magia com cordas.

Parte 3
Trabalhando com Cordas Mágicas

Até agora vimos como fazer e desfazer um cordão e como projetar uma corda para atingir um propósito específico. As cordas são ferramentas tão versáteis e criativas que criam sua própria maneira de praticar magia. Os capítulos desta parte do livro vão mostrar, na prática, como se faz a magia com cordas.

A montagem de um kit garante que você tenha os materiais em mãos ao decidir fazer um cordão. A hora do dia e a estação do ano afetam a energia da magia, então por que não a capturá-las com uma corda? Os lugares também carregam sua própria energia, e uma corda é uma boa maneira de reter essa magia.

Existem alguns eventos da vida que são tão comuns que merecem seus próprios projetos. As Bruxas usam cordas para lançar feitiços e círculos. Você também pode usar cordas para trabalhar com a Árvore da Vida e outros rituais cerimoniais. Por fim, aqui estão alguns projetos que apenas as cordas podem realizar, unindo-nos em casamento e amizade.

Capítulo 9
Kit de Corda Mágica

Entrar em uma loja de fios é como entrar em um arco-íris. As prateleiras empilhadas até o teto são classificadas por cor e tipo de fios. A festa para os olhos se transforma em uma festa para as mãos quando você toca as meadas convidativamente macias. É muito divertido parar em frente à parede de linha de bordados em uma loja de tecidos e comparar diferentes cores até encontrar a combinação certa. E mesmo as lojas on-line oferecem páginas de cores e texturas tentadoras.

É justo avisar que comprar fios vicia! A maioria das pessoas que fazem trabalhos manuais com fibras, acaba acumulando baús, gavetas, quartos e até trailers cheios de fios. Estamos sempre em busca de um destruidor de esconderijos que vai acabar com a história – talvez seja por isso que você comprou este livro! Não se preocupe, você não precisa comprar todos os novelos da loja para fazer um cordão. Você pode escolher apenas o fio que deseja para o cordão que decidiu fazer.

Existe um meio termo entre encher uma sala com fios, caso você precise, e comprar fios toda vez que iniciar um novo trabalho: você pode fazer um kit mágico de fios. Com uma seleção cuidadosa, pode ter os materiais em mãos na hora de fazer um talismã para uma finalidade específica ou para presentear. Você pode fazer o kit ligeiramente usando os guias de referência rápida deste capítulo ou passar algum tempo apreciando o processo de escolha de cor e textura. Você pode até dar o próprio kit de presente.

Em termos gerais, o processo é este: primeiro, escolha o tipo de tecido. Em seguida, construa a paleta de cores e, por fim, reúna contas e pingentes para incluir no cordão.

Escolhendo Fios e Linhas

Ao longo deste livro, usamos as palavras "fio" e "linha" alternadamente, porque você pode usar uma ou ambas. Agora é hora de olhar as diferenças entre eles. O fio é usado para criar projetos maiores que podem ser usados como um cinto ou como uma corda de pendurar. A linha de bordar é usada para projetos de cordão pequenos e rápidos, que dá para amarrar em pessoas ou objetos. A linha está disponível em lojas de tecidos e de artesanato e até mesmo em alguns supermercados que vendem um pouco de material de artesanato. O fio para bordar é um item um pouco mais especializado, encontrado em lojas de fios e artesanato. Ambos podem ser encontrados on-line.

Se você vai usar apenas algumas cores e quer que seu cordão seja maior, o fio é uma ótima escolha. A linha para bordar é uma escolha melhor se você estiver fazendo muitos cordões e quiser estocar uma grande quantidade de cores. Como regra geral, uma meada de linha de algodão fosco custará menos de um dólar. As meadas de fios sintéticos comerciais custam a partir de três dólares, enquanto os fios naturais podem custar de dez a trinta dólares por meada.

Fio

Livros inteiros foram escritos sobre como escolher o fio certo. No capítulo 6, quando falamos sobre fibras, mergulhamos na criação das próprias fibras. Aprendemos que você pode comprar fios de fabricantes comerciais ou de artesãos independentes. O material pode ser natural, sintético ou uma mistura.

Outra consideração importante é a largura do fio. Há fios muito finos, usados para tricotar meias, e fios muito grossos usados para fazer cobertores de bebê. Um bom peso de fio para projetos de magia de cordão é o "penteado" ou peso DK. Este é o peso de fio mais comum e está amplamente disponível. (Apenas uma nota que "penteado" também é usado para descrever um tecido fiado com uma técnica particular.)

Linha de Bordado

Geralmente feita de algodão, a linha para bordar mais comum é chamada de "linha de seis fios", porque tem seis fios das mesmas cores. Você pode cortar um pedaço do fio, por exemplo, um côvado ou 18 polegadas, e cuidadosamente puxar um dos fios para usá-lo sozinho se quiser um fio muito fino. Geralmente as pessoas fazem isso se quiserem usar o fio para bordar como linha de costura. Na magia das cordas, usamos o novelo de linha de bordar, pois ele vem com todos os seis fios juntos.

A linha para bordar também pode ser encontrada em um estilo chamado "perle" ou "algodão pérola". Nessas meadas, os fios individuais são torcidos juntos, de modo que não possam ser separados. A torção dá ao fio uma aparência distinta. Você pode decidir que gosta desse tipo de linha ou pode ficar com a aparência mais plana da linha de seis fios.

O algodão também dá uma linha em uma variedade de acabamentos. A linha regular de seis fios é fosca, mas você também pode obter um acabamento acetinado, que é mais brilhante (e mais escorregadio). A linha metálica é criada a partir de um material sintético que brilha como metal. É possível obter linhas de metal verdadeiras feitas de cobre, prata e ouro. Uma linha fina de metal é enrolada em torno de uma linha central para criar um fio. Como você pode esperar, a linha de metal real é significativamente mais cara do que as sintéticas. Esses materiais se comportam de maneira diferente da linha de algodão e exigem alguns ajustes experimentais para incorporá-las aos cordões.

As meadas de linhas de bordar têm geralmente 8 metros, o que equivale a 8,7 jardas ou pouco mais de 300 polegadas. Isso fará com que cerca de 16 seções de um côvado ou 18 polegadas. Se você estiver fazendo cordas pequenas, pode obter cerca de 16 cordas de uma meada.

Construindo uma Paleta de Cores

Você pode construir sua própria paleta de cores em linhas de bordar ou fios para os elementos, planetas e outras energias mágicas que compõem seus cordões.

As linhas e os fios de bordar vêm em centenas de cores diferentes. Para construir nosso kit mágico de cordas, podemos começar nos concentrando nas cores mais comuns que usaremos. A partir daí, podemos ramificar e adicionar outros conjuntos de cores, que devem incluir algumas nuances neutras, incluindo branco, preto, bege e marrom. Adicionar esses tons ao cordão fornece um fundo para apoiar outras cores para que possamos vê-las.

Escolher um conjunto de cores parece simples até que você se veja olhando para uma tela ou fileira de caixas com quarenta e dois tons diferentes de vermelho! Se você mesmo as escolher, é uma boa ideia obter todas as cores de uma vez para que correspondam umas às outras. Fabricantes e revendedores de artesanato embalam fios e novelos de bordado juntos em kits de cores.

Quando encontrar uma cor de que goste, anote-a! Você pode escolher um fabricante e usar suas cores, ou pode misturar e combinar fabricantes e artesãos. Cada vendedor terá uma maneira de identificar a cor que você pode registrar nas planilhas deste capítulo. Por exemplo, para o meu vermelho arco-íris, posso escolher o número de linha de bordado DMC 321 chamado "vermelho" ou DMC 304 "vermelho MD".

Planilha
PALETA DE CORES DO ARCO-ÍRIS

Uma paleta de cores do arco-íris é um ótimo ponto de partida. Este conjunto de cores inclui vermelho, laranja, amarelo, verde, azul, roxo, além de branco e preto. Os tons de cada um devem ser cores primárias brilhantes.

Cor	Manufatura	Identificador	Nome da cor
Vermelho			
Laranja			
Amarelo			
Verde			
Azul			
Roxo			
Branco			
Preto			

Planilha
PALETA DE CORES EXPANDIDA

Você pode pesquisar linhas de bordado on-line nas categorias de cores do arco-íris ou nas lojas, classificadas por tons. Para expandir a paleta de cores, escolha um tom mais claro e um tom mais escuro de cada cor do arco-íris. Os fabricantes de linhas de bordado também incluem outros tons para preencher o espectro de cores, incluindo marrom, bege, rosa e cinza. Você também pode decidir adicionar as cores terciárias coral, âmbar, *chartreuse* (verde-brilhante), magenta, turquesa e pervinca, o que expandiria a paleta para trinta cores.

Cor	Manufatura	Identificador	Nome da cor
Vermelho-claro			
Vermelho			
Vermelho-escuro			
Laranja-claro			
Laranja			
Laranja-escuro			
Amarelo-claro			
Amarelo			
Amarelo-escuro			
Verde-claro			
Verde			
Verde-escuro			
Azul-claro			
Azul			

Cor	Manufatura	Identificador	Nome da cor
Azul-escuro			
Roxo-claro			
Roxo			
Roxo-escuro			
Vermelho-alaranjado (coral)			
Amarelo-alaranjado (âmbar)			
Amarelo-esverdeado (*chartreuse*)			
Vermelho-púrpura (magenta)			
Azul-esverdeado (turquesa)			
Azul-púrpura (pervinca)			
Bege			
Rosa			
Marrom			
Branco			
Cinza			
Preto			

Você pode fazer qualquer cordão deste livro usando esta paleta expandida, mas não se limite a isso. Adicione as cores que desejar a um cordão individual ou ao seu kit.

Planilha
PALETA DE CORES ELEMENTARES

Decida se vai usar as cores já escolhidas para a paleta do arco-íris ou a paleta expandida para as cores elementares. Conforme sua escolha, basta preencher este quadro com essas opções. Ou pode, ainda, escolher usar um fio de cor diferente para as cores elementais, de modo que saiba que é o poder exato que você deseja trazer.

Também é possível distinguir as cores elementares escolhendo uma textura diferente. As linhas de bordado estão disponíveis em acabamento metálico e até com destaques em glitter.

Qual é a cor da Água elementar? Podemos pensar nisso como azul-claro, azul-elétrico, azul-marinho? Pode escolher o tom que quiser para representar qualquer elemento. O mais fácil é escolher todas as cores elementares ao mesmo tempo para garantir que você goste da maneira como todas ficam juntas. Ou pode tentar duas ou três combinações de cores diferentes, fazer alguns cordões e ver de qual mais gosta.

Elemento	Amostra de cor	Minha cor
Ar	Amarelo	
Fogo	Vermelho	
Água	Azul-escuro	
Terra	Verde-escuro	
Espírito	Roxo	

Planilha
PALETA DE CORES PLANETÁRIAS

Em alguns sistemas esotéricos ocidentais, cada planeta está associado a uma cor. Listei algumas dessas associações na tabela a seguir. Você também pode escolher suas próprias cores com base nas que já escolheu para o arco-íris ou para a paleta de cores expandida. Pode escolher distinguir as cores planetárias das cores elementares, escolhendo uma textura diferente, por exemplo, uma linha de bordado com reflexos brilhantes ou um acabamento metálico.

Planeta	Amostra de cor	Minha cor
Lua	Branco, prata ou violeta	
Mercúrio	Laranja	
Vênus	Verde	
Sol	Amarelo	
Marte	Vermelho-escuro	
Júpiter	Azul	
Saturno	Preto	

Corantes Naturais

No capítulo 5, que fala sobre cores, vimos que são as substâncias naturais que dão as cores dos corantes. Você pode encontrar linhas de lã que foram tingidas com esses corantes naturais por artesãos. Embora, às vezes, do lado mais caro, você pode encontrar pequenas meadas de linhas. Tenha cuidado ao pesquisar – é comum os fabricantes comerciais usarem termos de cores que soam naturais para corantes sintéticos. Pesquise nos mercados de artesanato por fios ou linhas "naturais" ou "tingidos com plantas". E, claro, pode também incluir fios que você mesmo tingiu.

Miçangas e amuletos

No capítulo 2, sobre como fazer um cordão, falamos sobre a adição de pingentes e contas a um cordão. Este é um assunto tão amplo que livros inteiros foram escritos sobre ele. Dois bons livros para você começar são *Navran's Jewelry and Gems for Self-Discovery* e *Loader's Dreamstones*. (Rhea Loader foi a primeira pessoa que me mostrou como torcer um cordão!)

Para recapitular, você pode adicionar contas e pequenos amuletos aos seus cordões de várias maneiras:

- Amarre-os em um dos fios antes que a corda seja torcida.
- Costure-os no cordão com agulha e linha.
- Passe-os pelo cordão depois de torcido.

Se você planeja adicionar um fio depois que cordão for torcido, vai ser necessário que o artefato tenha um orifício grande o suficiente para passar outro fio completo por ele. Pode ser necessário adicionar pequenos anéis de salto aos amuletos para que você possa deslizar o fio ou o cordão através do anel. Você pode pendurar um pingente maior passando o cordão por seu anel de salto. Alguns artesãos fazem cordões para pendurar seus pingentes como uma atualização elegante de uma corda ou corrente de cetim regular. Para finalizar a peça, pode adicionar grampos de crimpagem nas pontas do cordão.

Você pode usar contas de plástico ou cristal em várias cores. Gemas e pedras semipreciosas são mais caras, mas são boas para trazer a energia de uma pedra para o cordão. Em geral, a pedra carrega a energia do planeta cuja cor ela compartilha. Pode também comprar miçangas de todas as cores, formas, tamanhos e materiais em lojas de artesanato ou on-line. Você pode comprar contas individuais, pequenos lotes ou cordões inteiros de contas.

Aqui está uma lista rápida de cores de pedra e suas associações planetárias e elementais. Algumas pedras podem ser encontradas em várias cores. Por exemplo, a granada geralmente é vermelha, mas também pode ser encontrada em verde, amarelo, laranja e até mesmo em preto! Esta lista inclui as cores mais comuns de uma pedra.

Vermelho: Marte e Fogo
- Ágata
- Cornalina
- Granada
- Quartzo-rosa
- Rubi

Laranja e marrom: Mercúrio e Fogo
- Âmbar
- Opala de fogo
- Pedra do Sol
- Olho de tigre

Amarelo: Sol e Ar
- Citrino
- Quartzo-amarelo
- Topázio-amarelo

Verde: Vênus e Terra
- Aventurina
- Pedra de sangue
- Esmeralda
- Jade
- Malaquita

Azul: Júpiter e Água
- Aquamarine
- Topázio-azul
- Fluorita
- Lápis-lazúli
- Safira

Roxo: Espírito

- Ametista
- Sugilita
- Turmalina

Branco e claro: Espírito

- Diamante
- Opala
- Pérola

Prata: Lua

- Hematita
- Pedra da lua

Preto: Saturno

- Azeviche
- Obsidiana

Armazenando os Materiais

Depois de obter o fio ou linha de bordado para seu kit de magia de cordas, você precisará de um lugar para armazená-lo. Isso pode ser tão simples como uma sacola de compras enfiada em um armário ou tão elaborado quanto uma cômoda com gavetas para classificar as cores. Se você tem lã cara, pode considerar armazená-la em sacos plásticos com zíper para evitar que as traças comam a fibra.

A linha de bordado ficará embaraçada rapidamente se você remover a proteção de papel que mantém a meada plana. Por isso, alguns artesãos enrolam a linha de bordar em cartões. Você pode fazer isso sozinho com papelão ou comprá-los de fornecedores de artesanato. O bordado usa linha ponto a ponto, mas um único cordão consome muitas meadas de uma vez, por isso não é tão importante enrolá-lo em um cartão.

A linha também pode ficar emaranhada se a meada se desfizer. Algumas pessoas enrolam novelos de lã. Se você comprar a linha em uma loja de fios, poderá pedir para enrolá-la para você. Algumas pessoas simplesmente trazem a linha para casa e a enrolam elas mesmas em uma bola.

Os fabricantes de linhas de bordar vendem embalagens com todas as suas cores, dando a você mais de quatrocentas opções para brincar! Como manter tudo classificado? Você pode rotular caixas ou gavetas com as cores do arco-íris para uma classificação inicial. Ou pode classificar as cores em suas paletas, arco-íris, associações estendidas, elementais e planetárias.

Miçangas e amuletos precisam de seus próprios recipientes. Lojas de artigos para artesanato ou lojas de artigos domésticos vendem pequenas caixas com compartimentos projetados para guardar materiais de joalheria.

Finalmente, você pode enfiar uma tesoura em seu kit mágico de cordas. As pessoas que trabalham com linhas acham que a tesoura fica sem brilho rapidamente com o uso regular, então é bom ter um par reservado para o trabalho com tecidos. Essas tesouras não precisam ser caras; na verdade, qualquer par serve – use-as apenas para cortar os pedaços de cordões.

Abençoando os Materiais

Ao fazer um cordão, você infunde na fibra uma energia com sua intenção. Esta é a ação mais importante e que transforma o cordão de algo decorativo em algo mágico. É perfeitamente normal puxar uma meada do seu kit e usá-la imediatamente. Se você quiser subir um degrau, pode abençoar os materiais que usa no cordão.

Existem dois momentos ideias para abençoar os seus materiais:

- Quando são colocados no recipiente de armazenamento.
- Quando são retirados para serem usados.

Essa bênção pode se tornar parte de seu ritual de criação do cordão. Outra opção é abençoar o kit ao montá-lo e abençoar todas as novas meadas que for colocada nele. Assim os materiais estarão sempre prontos para se fazer um cordão a qualquer momento.

Exercício

ABENÇOE OS MATERIAIS

Prepare a superfície. Escolha uma local para trabalhar – uma pequena mesa, um canto de uma escrivaninha, um balcão de cozinha. Cubra com um pano pequeno, como um lenço ou um pano de prato limpo. Use panos de cores neutras – bege natural, branco ou preto.

Defina as ferramentas. Pegue uma pequena tigela decorativa e encha-a com água. Se não tiver uma vasilha específica para realizar sua magia, pode usar uma de sua cozinha mesmo, como um pote de sorvete. Prepare um pequeno queimador de incenso com um cone ou bastão de incenso. Pode ser qualquer incenso que tiver em mãos. Se for comprar, escolha um que signifique "consagração" para você.

Organize os materiais. Coloque no pano as meadas, contas e outros produtos que separou.

Ative a água. Coloque sua mão sobre a tigela de água e diga: "Deixe esta água purificar e limpar o que tocar."

Ative o incenso. Acenda o incenso. Coloque sua mão sobre ele e diga: "Deixe este incenso consagrar os materiais."

Limpe os materiais. Mergulhe sua mão na água, borrife água sobre os produtos e diga: "Deixe esses materiais serem limpos de todas as energias que os tocaram, de forma que apenas a sua energia permaneça".

Consagre os materiais. Agite o incenso sobre os materiais e diga: "Que esses materiais sejam consagrados para o propósito das intenções das cordas."

Agradeça pelos materiais. Coloque as mãos sobre os materiais e diga: "Agradeço às plantas, aos animais e às pessoas que criaram isso". Leve as mãos ao coração e diga: "Agradeço à terra por todos os presentes que sustentam minha vida e magia."

Guarde os materiais. Você pode armazená-los em sacos plásticos, em uma gaveta de uma arca de plástico, embrulhados em um pequeno pano em uma caixa, ou de qualquer outra forma que já armazene suas ferramentas mágicas. Certifique-se de rotulá-los de alguma forma para que saiba que eles estão consagrados!

Uma nota sobre a água: algumas pessoas adicionam sal à água usada na consagração; a ideia é que o sal representa o elemento Terra, portanto, colocar sal na tigela combina Terra e Água. Então, quando acendemos o incenso e a fumaça começa a subir, combinamos o Fogo com o Ar, de modo que trouxemos os quatro elementos para o ritual. O motivo pelo qual não uso sal é que despejo a água consagrada na terra quando termino, e percebi que a água com sal pode matar as plantas. Às vezes, adiciono uma pitada de poeira à água para o elemento Terra. Na maioria das vezes, eu só uso água e incenso por conta própria.

Agora que coletamos e consagramos nossos materiais, é hora de começar a fazer cordões.

Capítulo 10
Cordas para Momentos e Lugares Específicos

A magia se conecta com o fluxo do tempo e a energia do lugar. Fazer uma corda na hora e no lugar certo aumenta sua finalidade. Por exemplo, para que um cordão abençoe um novo bebê, você pode torcer a corda em uma manhã de primavera sob uma cerejeira em flor.

E se o bebê nascesse no outono? Você sempre pode fazer um cordão para qualquer propósito, em qualquer lugar e a qualquer hora, então vá em frente e faça para o bebê um cordão para uma vida saudável e feliz. Mas se você já tem um cordão feito sob a cerejeira em uma manhã de primavera, pode adicionar a energia desse cordão àquele que está fazendo para o bebê.

A magia com as cordas é uma maneira flexível de capturar a energia do tempo e do lugar. Não é a única técnica que funciona; a água também tem essa capacidade. Tenho uma pequena coleção de frascos com água, que inclui um que coletei de um iceberg no Canadá, e um frasco que uma Bruxa amiga me deu do último eclipse solar. Você pode usar a água com a energia armazenada para borrifar em uma pessoa, em um objeto ou em um local. No entanto, construir uma extensa coleção de frascos de água ocuparia um pouco de espaço. As cordas podem ser dobradas, etiquetadas e empilhadas em uma caixa.

Este capítulo explora as energias do tempo para ajudá-lo a escolher um dia e uma estação para fazer seu cordão. Também exploraremos maneiras de incorporar as energias dos elementos e locais físicos em seu trabalho de magia com cordas. Você pode fazer um cordão em um lugar e em um momento específico, para capturar a energia daquele lugar e tempo, e então usar essa energia em qualquer mágica que fizer. E vai poder usar os cordões, colocá-los em sua casa, no local de trabalho ou no carro ou usá-los em outros rituais.

O Capítulo 11, "Projetos com Cordas Mágicas," lista sugestões para a criação de cordões para fins específicos. Você pode usar o tempo e o local de cordões já feitos para aumentar a energia de qualquer outro projeto. Se você fez um cordão fino e longo, pode simplesmente adicioná-lo ao que está fazendo. No entanto, adicionar uma corda já feita a um novo cordão pode torná-lo volumoso e difícil de torcer, portanto, outra opção é usar aquele que você já fez como uma corda de carregamento. Nesse caso, você o segura em sua mão com os fios do novo cordão enquanto verbaliza a intenção. A energia armazenada no cordão, de tempo e local, ajudam a carregar o novo cordão que você está fazendo. Os projetos no capítulo 11 incluem sugestões para usar uma corda de carregamento do capítulo 10.

Escolhendo as Cores

Junto aos cordões, neste livro listamos sugestões de cores. Você também pode usar as cores que vê ao seu redor ao criar o cordão, ou, pode trazer seu kit de cordas e escolher as cores que combinam com o que está experimentando. Preencher os gráficos deste capítulo e usá-los para preencher as cores do seu kit também é uma boa possibilidade. Se você estiver fazendo muito do mesmo tipo de cordão, pode criar um kit específico para esse propósito. Por exemplo, você pode ter uma bolsa com todas as cores quentes para capturar as energias do meio-dia, verão e do elemento Fogo.

Além de registrar as cores que vê, você pode sentir-se na terra e verificar quais energias detecta. Então pode escolher uma cor que expresse essa energia. Por exemplo, você pode sentir uma esperança brilhante sob uma cerejeira florida e adicionar um fio amarelo-claro ou coral ao seu cordão.

Criando o Cordão

Você pode usar as cores e invocações a seguir ou substituir suas próprias cores e palavras. Se quiser usar um número de fios diferente do especificado, pode retirar uma das cores, dobrar algumas delas ou adicionar outras. Para obter instruções detalhadas sobre como torcer uma corda, consulte o "Exercício: Torcendo uma corda" no capítulo 2.

Referência rápida
MODELO DE FABRICAÇÃO DE CORDÕES

Medir: meça os fios do novelo ou da meada.

Invocar: segure os fios em sua mão e diga a invocação.

Torcer: torça a corda e dê um nó.

Selar: segure a corda completa em sua mão e diga a frase de selagem. Medite por um momento na energia do tempo ou lugar que você capturou na corda.

Se for guardar o cordão para uso posterior, pode etiquetá-lo ou colocá-lo em um saco plástico e escrever nele com um marcador permanente. Certifique-se de anotar a data, a hora e a energia capturada (por exemplo, "amanhecer de primavera" ou "tempestade" ou "eclipse lunar").

Tempo

Podemos pensar no tempo como linear, indo do passado para o futuro, ou como cíclico, repetindo-se, como o nascer do sol acontece todos os dias. A magia liga essas duas ideias. A jornada do começo ao fim está associada aos ciclos repetidos, que pode descrever o ciclo de vida de uma planta à semente, ou o ciclo de vida de animais (incluindo humanos) do nascimento à morte.

Referência rápida
DIA E ESTAÇÃO DO ANO

Energia	Dia	Estação do ano	Ciclo da vida da planta	Ciclo da vida dos animais
Começo	Nascer do sol	Primavera	Broto	Nascimento
Criação	Tarde	Verão	Florescer	Juventude
Completando	Pôr do sol	Outono	Dar frutos	Maturidade
Descanso	Noite	Inverno	Sementes	Morte

Essa tabela mapeia a finalidade de um cordão para o momento em que você o cria. Você pode fazer cordões da hora do dia em qualquer estação e da estação a qualquer hora do dia. Pode também substituir a hora do dia pela estação. Se precisar fazer um cordão para um novo começo, mas está na estação inverno, pode fazer o cordão de madrugada. Se conseguir combinar o dia e a estação, por exemplo, fazendo um cordão no outono ao pôr do sol, isso fortalecerá a energia a levar algo à sua conclusão.

Cada projeto que veremos a seguir inclui uma tabela que lista as cores sugeridas e deixa espaço para você registrar suas próprias escolhas de cores.

Feitiço
AMANHECER

Invocação:

> O sol nasceu,
> um novo dia começa,
> o mundo está vestido
> em beleza.

Selagem: vamos começar.

Cores iniciais	Minhas cores
Rosa	
Cinza	
Azul-claro	
Branco	

Feitiço
ENTARDECER

Invocação:

> A luz do dia
> está à altura do sol
> A força da vida
> Brilha!

Selagem: deixe crescer forte.

Cores iniciais	Minhas cores
Amarelo	
Laranja	
Vermelho	
Bege	

Feitiço
PÔR DO SOL

Invocação:
> O sol se põe,
> o dia está chegando ao fim,
> hora de voltar para casa
> e descansar.

Selagem: que seja completado.

Cores iniciais	Minhas cores
Vermelho-escuro	
Laranja-escuro	
Roxo	
Cinza	

Feitiço
MEIA-NOITE

Invocação:
> Estrelas brilham agora
> e a lua, na noite linda,
> está quieta.

Selagem: deixe descansar.

Cores iniciais	Minhas cores
Azul-escuro	
Roxo-escuro	
Cinza	
Preto	

Feitiço

MOMENTOS DO DIA

Além de criar um cordão diferente para cada hora do dia, você pode criar um cordão e fazer nós ao amanhecer, ao meio-dia, ao pôr do sol e à meia-noite. Pesquise on-line para saber a hora exata do nascer e do pôr do sol, ou dê um nó quando vir o sol pela primeira vez e quando o sol se puser abaixo do horizonte onde você mora. Dê o primeiro nó ao nascer do sol e faça-o um nó maior, como um nó duplo, por cima da mão ou um nó em forma de oito. Dessa forma, você saberá qual nó representa a hora do dia.

Você pode desatar o nó apropriado sempre que precisar adicionar alguma hora do dia a outros cordões e amuletos e ainda pode renovar a energia desatando os nós e amarrando-os novamente em um dia diferente. Se você vir um nascer ou pôr do sol particularmente espetacular, poderá capturá-lo com este cordão. Este é um bom projeto para manter em mãos para que possa pegar o momento certo durante o dia.

- Número
- Cores
- Intenção
- Nós

Estações

Você pode fazer os cordões da hora do dia e da estação separadamente. Pode também fazer uma corda que combina as energias: amanhecer e primavera, meio-dia e verão, pôr do sol e outono, meia-noite e inverno. Se estiver fazendo a hora do dia e a estação do ano juntos no mesmo cordão, poderá fazer as duas invocações, mas apenas diga a frase de selamento uma vez. Você também pode omitir cores sobrepostas se desejar um cordão menor. Por exemplo, o amanhecer é rosa, cinza, azul claro e branco; a primavera pede rosa, azul-claro, amarelo-claro e verde-claro. Ao combiná-los, você pode usar apenas um fio rosa e azul-claro e adicionar um fio cinza, branco, amarelo-claro e verde-claro.

Feitiço
PRIMAVERA

Invocação:
> Uma pitada de doce,
> um toque de cor.
> A primavera é uma promessa
> amanhã florescerá.

Selagem: vamos começar.

Cores da primavera	Minhas cores
Rosa	
Azul-claro	
Amarelo-claro	
Verde-claro	

Feitiço
VERÃO

Invocação:
> Dias longos e céu claro,
> uma sensação de facilidade,
> e tudo está bem!
> Mova, faça, cresça, agora!

Selagem: deixe crescer forte.

Cores do verão	Minhas cores
Amarelo	
Laranja-claro	
Vermelho	
Branco	

Feitiço
OUTONO

Invocação:
> Dias frios,
> noites mais frias ainda.
> O que está maduro
> está colhido.

Selagem: que seja completado.

Cores do outono	Minhas cores
Amarelo-escuro	
Laranja-escuro	
Vermelho-escuro	
Marrom	

Feitiço
INVERNO

Invocação:
> Temporada de silêncio,
> momento de descanso
> Durma, sonhe,
> cure, espere.

Selagem: deixe descansar.

Cores do inverno	Minhas cores
Verde-escuro	
Azul-claro	
Azul-escuro	
Branco	

Feitiço
NÓ PARA TODAS AS ESTAÇÕES

Todas as estações podem ser reunidas em um único cordão, mas observe que leva um ano para capturá-las. Se quiser, procure a hora exata dos equinócios e solstícios e dê o nó nessa hora, ou pode fazê-lo em qualquer dia que pareça o auge da estação para você. O nó da primavera deve ser duplo, por cima da mão, ou em forma de oito e, em seguida, dê os outros nós entre os que foram feitos para a primavera e os nós finais, para que você possa saber qual estação cada nó capturou. Se for começar em uma estação diferente da primavera, deixe espaço suficiente para dar os outros nós mais tarde.

Você pode usar este cordão, colocá-lo no altar ou guardá-lo. Quando a segunda primavera chegar, pode desatar o primeiro nó e refazê-lo ou amarrar outro nó perto do primeiro para continuar a capturar a energia. Você também pode começar um novo cordão e capturar as estações de cada ano separadamente.

- Número: quatro fios.
- Cores: amarelo-claro, laranja-claro, marrom, branco
- Intenção: "O poder da estação é capturado aqui."
- Nós: dê um nó para cada estação. Diga "O poder de (nome da estação) é capturado aqui."

Fases da Lua

As fases da lua também trazem energia para a magia que fazemos. A Lua crescente traz energia crescente, a Lua cheia traz o poder máximo e a Lua escura traz o poder de liberação e descanso.

Se você tiver fios metálicos em seu kit, poderá usar as cores prata, branco ou vermelho-metálico nesses cordões.

Feitiço
LUA NOVA

Invocação:
> Lua nova
> Lua crescente
> Brilhe sobre mim.

Selagem: vamos começar.

Cores da Lua	Minhas cores
Branco	
Cinza	

Feitiço
LUA CHEIA

Invocação:
> Lua cheia
> Lua de poder
> Brilhe sobre mim.

Selagem: que assim seja.

Cores da Lua	Minhas cores
Branco	
Cinza	
Vermelho-escuro	

Feitiço
LUA NEGRA

Invocação:

Lua negra
Lua minguante
Brilhando na escuridão.

Selagem: deixe para lá.

Cores da Lua	Minhas cores
Branco	
Cinza	
Vermelho-escuro	

Feitiço
NÓ DOS CICLOS DA LUA

É possível aproveitar o poder da Lua criando um único cordão e dando um nó nas luas nova, cheia e escura. Você pode fazer isso como parte de um círculo lunar em grupo, às vezes chamado de Esbat, ou pode fazê-lo sozinho. Há também a possibilidade de dar o nó no momento preciso em que a Lua entra na fase (existem muitos sites e aplicativos que calculam esse tempo para facilitar a consulta). Esses sites tendem a listar os tempos de Lua nova e Lua cheia; para trabalho na Lua escura, dê o nó na fase minguante em algum momento entre a Lua cheia e a Lua nova, até os últimos minutos antes da Lua nova.

Para usar o cordão, você pode pendurá-lo na parede, colocá-lo sobre um altar ou guardá-lo em um local seguro. Pode aproveitar o poder do cordão sempre que precisar da magia da Lua, colocando-o em seu altar, enrolando-o em uma foto ou objeto, usando-o no pulso ou pescoço ou desatando um ou mais nós, e ainda, pode reutilizar o cordão e dar nós nele quantas vezes quiser.

- Número: três fios.
- Cores: branco, vermelho, preto

- Intenção: "O poder da Lua é capturado aqui."
- Nós: dê um nó na Lua nova, um na Lua cheia e um na Lua escura. Diga: "(fase da Lua) a energia é capturada aqui."

Dia Planetário da Semana

Cada dia da semana está associado a um dos sete planetas conhecidos pelos antigos. Você pode criar um cordão no dia apropriado para capturar a energia do planeta.

Cada planeta está associado a um número. Também pode criar o cordão usando o número planetário de fios da cor planetária. Para um trabalho extra sofisticado, o projeto pode usar cores metálicas para os planetas, especialmente prata para a Lua e ouro para o Sol.

Referência rápida
ASSOCIAÇÕES PLANETÁRIAS

Planeta	Cor	Número
Lua	Branco, prata ou violeta	9
Mercúrio	Laranja	8
Vênus	Verde	7
Sol	Amarelo	6
Marte	Vermelho	5
Júpiter	Azul	4
Saturno	Preto	3

Nota: prata e violeta não estão incluídas na paleta de cores expandida, mas são cores associadas à Lua nas tradições esotéricas e folclóricas, portanto, estão incluídas aqui. Também são cores fáceis de encontrar em linhas ou fios de bordado.

Feitiço
PODER PLANETÁRIO

Este cordão captura a energia de um planeta por vez.

Invocação: Poder de (o planeta)

Selagem: (nomeie o planeta)

Para cada cordão, segure os fios e diga "segure o poder", e dê um nome ao planeta. Para a selagem, segure o cordão completo e repita o nome do planeta. Por exemplo: em uma terça-feira, pegue cinco fios vermelhos, segure-os na mão, diga "segure o poder de Marte" e torça a corda. Quando terminar, segure o cordão acabado em sua mão e diga "Marte".

Feitiço
NÓ PLANETÁRIO

Você pode capturar a energia de todos os planetas associados aos dias da semana criando um único cordão e dando nós nele no dia apropriado. Comece este amuleto no domingo e dê um grande nó, dobrando um nó por cima da mão ou em oito. Dê o próximo nó na segunda-feira, e assim por diante, até o sábado. Dessa forma, você saberá qual nó corresponde a qual planeta e dia da semana.

Utilize este cordão assim como os outros, colocando-o em seu altar, pendurando-o na parede ou usando-o. Você também pode armazená-lo com seus outros cordões mágicos até que seja necessário. Quando precisar do poder de um planeta específico, pode desatá-lo e amarrá-lo novamente no dia apropriado para armazenar a energia até a próxima vez que precisar.

- Número: sete fios.
- Cores: branco, laranja, verde, amarelo, vermelho, azul e preto
- Intenção: "O poder dos planetas é capturado aqui."
- Nós: dê o nó no dia apropriado da semana e diga "(nome do planeta) a energia foi capturada aqui."

Lugar

Conectando-se com os Elementos

O que constitui o Mundo? Uma maneira de pensar sobre isso é dividi-lo em partes ou elementos constituintes. Esta é uma abordagem humana antiga para compreender o Mundo e descobrir como navegá-lo. É científico e espiritual explorar o Mundo observável e mapear o que observamos em nossa experiência de nós mesmos como mais do que a soma de nossas partes.

Embora não seja universal, muitas pessoas nas tradições mágicas ocidentais trabalham com a energia dos elementos gregos clássicos – Ar, Fogo, Água e Terra. Esses elementos descrevem os componentes do mundo físico e os mapeiam para o mundo espiritual.

A **Terra** em que caminhamos descreve o solo, a rocha e nossos corpos físicos. A terra metafísica também fundamenta nossa espiritualidade. É a essência da energia sólida, manifestando-se na realidade visível e tangível.

A **Água** evapora da superfície da terra, voa no ar como nuvens, cai do céu como chuva e flui pela terra até o mar. Bebemos água como uma necessidade urgente, muito do nosso corpo é na verdade composto de água. A água metafísica fala com o fluxo da energia e da emoção do corpo, que tem aspectos físicos, mentais e espirituais.

O **Ar** é a atmosfera que cobre o Planeta. Respiramos e caminhamos nele. Podemos, de fato, caminhar na terra, mas também podemos nos imaginar caminhando pelo Planeta, envoltos no abraço amortecedor que torna a vida possível. "Imaginação" é uma boa maneira de descrever o ar como uma qualidade metafísica. Representa a mente – nossa capacidade de resolver problemas e projetar o futuro no qual contamos para construir nossas culturas.

O **Fogo** é o elemento mais misterioso. De certa forma, não é tanto uma substância quanto um processo, transformando um objeto como um pedaço de madeira em fumaça e cinzas, liberando carbono e gerando calor. Em nossos corpos, o fogo descreve os processos que transformam o ar, a água e os alimentos em energia armazenada como gordura e usada novamente para respirar e se mover. No sentido metafísico, "fogo" é a energia que move o Universo.

Nós nos conectamos aos elementos por meio do mundo natural, ou por meio de nossas ferramentas mágicas. Podemos usar incenso como Ar, uma vela como Fogo, uma tigela cheia como Água e uma pedra como Terra. Com essas ferramentas, podemos criar cordões elementares para usar sozinhos ou para adicionar a outros cordões. Aqui estão consagrações simples para cordas elementais.

Feitiço
AR

Acenda o incenso e agite o cordão através dele.

Invocação: Mantenha o poder do Ar.

Cores do Ar	Minhas cores
Amarelo-claro	
Amarelo	
Azul-claro	
Branco	

Feitiço
FOGO

Acenda uma vela vermelha e agite o cordão sobre ela.

Invocação: Segure o poder do Fogo.

Cores do Fogo	Minhas cores
Amarelo	
Laranja	
Vermelho	
Branco	

Feitiço
ÁGUA

Mergulhe o fio em uma tigela com água.

Invocação: Mantenha o poder da Água.

Cores do Água	Minhas cores
Verde-claro	
Azul-claro	
Azul	
Azul-escuro	

Feitiço
TERRA

Enrole o cordão em uma pedra.

Invocação: Segure o poder da Terra.

Cores da Terra	Minhas cores
Verde-claro	
Verde	
Verde-escuro	
Marrom	

Feitiço

CORDÃO DE QUATRO ELEMENTOS

Você pode capturar a energia de todos os elementos criando um único cordão.

- Número: quatro fios.
- Cores: amarelo, vermelho, azul-escuro, verde-escuro.
- Intenção: "O poder dos elementos é capturado aqui".
- Nós: dê qualquer número de nós. Desamarre um nó e diga "O poder dos elementos é liberado aqui".

Poderes do Meio Ambiente

A magia do cordão captura a energia do lugar. Começando com a cor, escolhendo os tons da paisagem ao nosso redor. Da próxima vez que você sentar em seu quintal, caminhar até um parque ou fazer uma viagem para uma floresta ou praia, passe um momento sentado e observando o mundo. Qual é a cor das nuvens ao pôr do sol? Elas podem ser rosa, cinza, laranja, violeta, um pouco de azul-claro. Quantos tons de verde uma floresta perene tem? Existe o verde-escuro das agulhas, o verde-médio das samambaias, o verde-brilhante do musgo. Um lago alimentado por uma geleira pode ter camadas de tons de verdes-gelados à marinho-profundo.

Existem outras maneiras de se conectar com a energia do lugar. Você pode amarrar uma extremidade dos fios a um galho de árvore ou uma pedra para segurar a corda enquanto a torce. É possível mergulhá-lo na água e tocá-lo no chão. Sente-se, segure o cordão enquanto medita e estenda os sentidos ao seu redor para se sintonizar com as qualidades especiais deste local específico da Terra.

Feitiço
RIO E FLUXO

De pé ou sentado ao lado de um rio ou de um riacho, pare um momento para pensar sobre o que você pede que o fluxo traga e o que pode colocar na água para ser levado embora.

Invocação:
A água corrente traz e leva.

Vedação:
Segure a corda e diga "Fluxo".

Cor do fluxo das águas	Minhas cores
Azul	
Branco	
Cinza	

Feitiço
QUEDA D'ÁGUA

Invocação:
Água sob a rocha, através da rocha, sobre a rocha
Subindo, caindo, fluindo.

Selagem: segure o cordão e diga "A água leva"

Cor da queda das águas	Minhas cores
Verde-claro	
Azul	
Branco	

Feitiço
PRAIA

Invocação:

Pedras na areia como nuvens no azul,
O vento chicoteia as ondas brancas,
Terra, céu, mar, encontro.

Vedação: segure a corda e diga "As ondas se movem".

Cor da praia	Minhas cores
Azul	
Branco	
Bege	

Feitiço
FLORESTA

Invocação:

Todas as árvores são uma floresta.
Raízes entrelaçadas como dedos,
Como amantes, como família,
Permanecendo juntos por tempo suficiente
Para saber tudo o que qualquer um deles sabe.

Selagem: segure o cordão e diga "A floresta me apoia"

Cor da floresta	Minhas cores
Verde-claro	
Verde	
Marrom	
Preto	

Feitiço
DESERTO

Invocação:

Tempestade e silêncio

Sol durante o dia e estrelas à noite

Água preciosa e vida abundante

Os extremos nos ensinam a viver em equilíbrio.

Selagem: segure o cordão e diga "O deserto ensina".

Cor do deserto	Minhas cores
Bege	
Laranja-escuro	
Branco	
Preto	

Feitiço
MONTANHA

Invocação:

Paredes retas do penhasco e encostas suaves,

Picos alcançando o topo do céu,

A montanha detém o poder da Terra.

Selagem: segure o cordão e diga "A montanha segura".

Cor do deserto	Minhas cores
Azul-claro	
Verde	
Marrom	
Preto	

Feitiço
CAMPO

Invocação:
    Flores desabrochando e gramas macias,
    O campo nos convida a descansar e saborear.

Selagem: segure o cordão e diga "O campo floresce".

Cor do deserto	Minhas cores
Azul-claro	
Amarelo-claro	
Verde-claro	

Magia do clima

Uma das maneiras mais antigas e comuns de usar cordas e nós é para controlar o clima. O princípio é simples: torça uma corda e dê um nó durante um evento climático que você deseja capturar e, em seguida, desamarre o nó quando quiser fazer com que o tempo volte. A magia do clima aproveita a força do vento, da chuva e do sol. Em um dia quente de verão, você pode desejar uma brisa fresca. Uma rajada forte pode encher uma vela e empurrar um barco ou renovar o ar parado. Um vento forte pode sacudir as folhas das árvores e refrescar o ambiente. Muitos dias de chuva seguidos, pode pedir um dia ensolarado para secar as coisas. Durante uma seca, um aguaceiro seria bem-vindo.

Os realizadores da magia do clima sabem que é importante não abusar da energia. Você pode fazer uma mudança local por um tempo limitado, com o intuito de limpar a chuva por uma hora para realizar uma festa, ou pode chamar uma breve garoa para regar o jardim. Lembre-se de que todo o clima do mundo está interconectado – fazer mudanças maiores ou mais longas pode ter consequências negativas tanto localmente quanto em todo o sistema. Use o poder que você captura com sabedoria!

Magia do sol

Qual é o seu dia perfeito? A maioria dos corpos humanos acha uma temperatura de 22 graus perfeita – nem muito quente, nem muito fria. Um pouco de brisa mantém o ar fresco, mas não tanto que resfrie. Há um pouco de nuvem para reduzir o brilho do sol, mas o céu permanece brilhante.

Quando as chuvas encharcam o solo e as nuvens obscurecem o céu por dias, um dia ensolarado pode trazer alívio — isso permite que o solo absorva a umidade e as plantas e criaturas aproveitem o sol. Quando o calor do verão queima o mundo, um dia mais suave pode trazer um tipo diferente de alívio. Aqui está um feitiço para capturar o dia ensolarado perfeito.

Feitiço
DIA ENSOLARADO

Cores de um dia ensolarado	Minhas cores
Amarelo-claro	
Laranja-claro	
Vermelho-claro	

- Intenção: "A luz do sol foi capturada." Dê qualquer número de nós que preferir.
- Nó: desamarre um nó e diga: "Sol, brilhe".

Magia do vento

Você pode fazer um cordão diferente para cada tipo de vento. Isso torna mais fácil manter o controle de qual vento foi capturado. Amarrar vários nós no mesmo cordão para desamarrar quando desejar liberar o vento, também é uma solução.

Feitiço

BRISA

Cores da brisa	Minhas cores
Azul-claro	
Amarelo-claro	
Branco	

- Intenção: "A brisa fresca é capturada aqui." Dê qualquer número de nós que preferir.
- Nó: desamarre um nó e diga: "Brisa fresca e gentil."

Feitiço

RAJADA DE VENTO

Cores do temporal	Minhas cores
Azul-claro	
Vermelho	
Laranja	

- Intenção: "Uma rajada forte é capturada aqui." Dê qualquer número de nós que preferir.
- Nó: desamarre um nó e diga: "forte impulso de rajada!"

Feitiço
TEMPESTADE

Cores da tempestade	Minhas cores
Azul	
Roxo	
Preto	

- Intenção: "Tempestade é capturada aqui." Dê qualquer número de nós que preferir.
- Nó: desamarre um nó e diga: "O vento sopra forte!"

Feitiço
NÓ DE VENTO

Você pode decidir fazer um único cordão e usá-lo para capturar todos os ventos. Neste caso, pode usar nós diferentes para cada um dos ventos, usando um único nó por cima da mão para uma brisa, um duplo para uma rajada e um nó em oito para um vento forte. Certifique-se de saber qual vento está liberando! É um erro ir atrás de uma brisa suave e convocar uma tempestade.

- Número: três fios.
- Cores: azul-claro, amarelo, roxo.
- Intenção: "O poder dos ventos é capturado aqui."
- Nós: dê um nó para cada vento. Diga: "A energia (eólica) é capturada aqui. "Quando quiser soltá-lo, desamarre o nó e diga: "Sopro de vento!"

Nós:

- Rajada: dê o nó e diga: "Rajada forte foi capturada aqui". Desamarre o nó e diga: "Forte impulso de rajada!"
- Vento forte: dê o nó e diga: "Vento forte foi capturado aqui". Desamarre o nó e diga: "Vento forte, sopra!"

Chuva mágica

A evolução depende da água. Pouca água, muita água ou chuva na hora errada podem arruinar um jardim ou uma plantação. Um pouco de chuva na hora certa pode salvar toda uma área. Uma forte chuva limpa as folhas e lava o ar. Tempestades liberam muita energia que pode ser prejudicial, mas também renovadora.

Feitiço
GAROA

Cores da garoa	Minhas cores
Azul-claro	
Azul	
Cinza	

- Intenção: "A garoa é capturada aqui." Dê qualquer número de nós que preferir.
- Nó: desamarre um nó e diga: "garoa nutridora".

Feitiço
CHUVA

Cores do banho	Minhas cores
Azul	
Cinza	
Roxo-claro	

- Intenção: "Chuva forte é capturada aqui." Dê qualquer número de nós que preferir.
- Nó: desamarre um nó e diga: "Chuva forte cai".

Feitiço
TROVOADA

Tempestades são eventos poderosos que inundam uma área e trazem muita água rapidamente. O relâmpago transfere íons negativos da atmosfera para a terra, fixando o nitrogênio no solo e mantendo a carga elétrica da terra em equilíbrio. Relâmpagos também podem causar inundações destrutivas, que arrancam árvores e causam deslizamentos de terra. Ventos fortes quebram galhos e derrubam linhas de energia. Uma vez desencadeada, uma tempestade segue seu curso. Certifique-se de gerenciar esse poder com cuidado.

Cores da trovoada	Minhas cores
Azul-escuro	
Roxo	
Preto	

- Intenção: "A tempestade foi capturada aqui." Dê qualquer número de nós que preferir.
- Nó: desamarre um nó e diga: "Explosão de tempestade!"

Agora que temos um estoque de cordões relacionados a tempos e lugares, podemos usá-los em projetos específicos de magia das cordas.

Capítulo 11
Projetos com Cordas Mágicas

Os projetos deste capítulo usam fios de lã ou linha de bordar para criar cordas mágicos. Caso tenha começado a sua leitura por aqui, os capítulos anteriores deste livro exploram cada uma das opções de design em profundidade, vale conferir.

Fibra: pode ser natural ou sintética. O fio é geralmente uma mistura de fibras; a linha de bordar é geralmente feita de algodão.

Número: alguns projetos usam um número específico de fios. A maioria usa três ou quatro fios.

Cor: cada projeto contém sugestões para a cor dos fios.

Cada um desses projetos pode ser personalizado usando as planilhas deste livro. Você pode copiar as planilhas e preenchê-las para criar sua própria pasta de trabalho. Em seguida, use seus próprios significados de número, cor e tecido para escolher os materiais para cada projeto.

Criando o Cordão

Fazer um cordão é fácil e rápido – você pode criá-lo enquanto lê este capítulo! Depois de fazer um ou dois cordões, poderá fazer o projeto.

Você pode criar o cordão em um dia, em uma hora, em uma estação ou em uma fase específica da Lua, o que aumentará a força do cordão. O capítulo 10 explora as condições climáticas em detalhes, para ajudá-lo a selecionar o tempo desejado. Mesmo que o cordão tenha sido criado para capturar essas energias, você pode usá-lo como uma corda de carregamento, conforme descrito a seguir.

Escolha a intenção

É uma boa ideia escrever a intenção que você vai torcer no cordão com suas próprias palavras. No capítulo 7 tem dezenas de exemplos que você pode personalizar de acordo com sua intenção. Os projetos a seguir também trazem sugestões de frases.

Disponha os materiais

Escolha as cores, meça e corte os fios. Adicione as contas que pretende enrolar no cordão enquanto o faz.

Abençoe os materiais

Este é um passo opcional. Você pode abençoar os fios e os outros itens que usará para criar o cordão. Há um rito de bênção material no capítulo 9, "Abençoando os Materiais". Se você já abençoou os materiais quando montou seu kit, não precisa fazer isso novamente.

Energia local e temporal

Se você criou qualquer um dos cordões listados no capítulo 10, "Cordas para Momentos e Lugares Específicos", então pode adicionar a energia deles aos projetos criados aqui. É uma corda de carregamento, porque carrega o novo projeto com a energia já capturada. Se a corda de carregamento for longa e fina o suficiente, você pode simplesmente adicioná-la ao cordão que está criando.

Outra opção é segurá-lo na mão com os novos fios. Repita a frase de selagem que usou para criar a corda de carregamento. Por exemplo, você pode segurar um cordão da primavera ou do amanhecer e dizer: "Vamos começar". Em seguida, coloque a corda de carregamento de lado para usar novamente em outro projeto.

Fale a intenção

Leia a intenção em voz alta antes de começar a torção. Reserve um momento para segurar os fios e transmitir sua intenção ao cordão.

Torça o cordão

No exercício "Torcendo uma corda" no capítulo 2, tem instruções detalhadas sobre como fazer a torção. Lembre-se de dar um nó nas pontas quando terminar a torção para segurá-la.

Complete o cordão

Como opção, você pode adicionar contas ou pingentes ao cordão.

Sele o cordão

Segure o cordão completo em sua mão e repita a intenção. Passe um momento visualizando e sentindo o resultado que deseja. Você pode preencher o modelo desta tabela antes de fazer o cordão para montar todos os materiais que precisa. Depois de fazê-lo, você pode adicionar os dados sobre quando o criou para que tenha um bom registro do projeto.

Planilha

PROJETO MÁGICO COM CORDÃO

Tipo de fio usado	
Número de fios	
Cores	
Intenção	
Energizando a corda	
Dia da semana	
Data	
Tempo	
Fases da Lua	

Dica: registre essas informações em uma folha de papel ou em um cartão de índice para poder guardar pequenas amostras dos fios. Dessa forma, você poderá combinar essas cores com seus cordões, caso precise identificá-los posteriormente.

A vida muda a magia

Quando estamos felizes, queremos que nossa vida continue como está. Quando ocorre uma calamidade, queremos resolver a dificuldade e retornar à paz e à prosperidade. Há os momentos normais de transição de uma fase da vida para outra. Os projetos que veremos aqui enfocam aqueles momentos transitórios para evitar dificuldades, estabelecer paz e prosperidade e apoiar uma mudança bem-sucedida.

Como sempre, você pode alterar as cores, o número dos fios e o texto da intenção. Essas intenções são escritas como se você as estivesse fazendo para si mesmo; para fazer cordões para presentear, adapte a redação e substitua pelo nome da pessoa que você está presenteando.

Feitiço
VIDA CRIATIVA

- Número: três fios para criação.
- Cores: amarelo-escuro para inspiração, verde-amarelado (*chartreuse*) para imaginação, roxo-escuro para sucesso.
- Intenção: "Estou inspirado para criar. Estou cercado de suporte para minha vida criativa. O que eu crio chega às pessoas que precisam e apreciam isso".
- Corda de carregamento: um corda de um lugar que o inspira.
- Nós: dê um ou mais nós na corda e diga: "A inspiração vem". Você pode dar um nó para um grande projeto, quatro nós para

um conjunto de projetos, doze nós para um projeto a cada mês, durante um ano, ou qualquer número que faça sentido para seus projetos. Desate um dos nós quando estiver pronto para iniciar um projeto. Diga: "Eu crio!"

Feitiço
GRADUAÇÃO

- Número: cinco fios, sendo quatro da conclusão, mais um para o novo caminho a seguir.
- Cores: roxo-escuro, para sucesso; amarelo-claro, para otimismo; amarelo, para felicidade; laranja-claro, para comunicação; amarelo-alaranjado (âmbar), para confiança.
- Intenção: "Um novo caminho certo se abre para mim. Eu faço novos amigos e mantenho os antigos".
- Cordas de carregamento: elemento Água, para a energia do fluxo; Lua escura, para finais e liberação; primavera, para novos começos.
- Nós: dê um ou mais nós para as terminações, dizendo: "Esta é a energia concluída". Quando você sentir a necessidade de liberar a velha energia, desamarre um nó e diga: "Eu libero a velha energia". Dê um ou mais nós para começar dizendo: "Esta é a nova energia". Quando você quiser iniciar um novo empreendimento ou fazer um novo amigo, desate o nó e diga: "O novo caminho começa".

Feitiço
ENCONTRANDO UM NOVO AMOR

- Número: quatro fios, parceria mais conclusão, duas vezes dois.
- Cores: azul-claro, para alívio (liberar a dor); rosa, para amor romântico; laranja-claro, para comunicação; vermelho, para paixão.
- Intenção: "Eu libero velhas dores para abrir meu coração. Quando eu crio esse espaço, um novo amor vem para mim. Sou

ouvido por meu novo amor e o entendo. Nossa comunicação sincera alimenta nossa paixão".

- Cordas de carregamento: meio-dia e verão, para a paixão; Lua nova, para o começo.
- Nós: dê quatro nós na corda, dizendo: "Esta é a velha dor; este é o espaço para um novo amor; esta é a comunicação clara; esta é a paixão". Quando estiver pronto, desate o primeiro nó e diga: "Eu liberto a velha dor". Você pode decidir escrever sua intenção em um diário ou fazer uma colagem para trabalhar no processo de liberação. Em seguida, desamarre o segundo nó e diga: "Eu abro espaço para um novo amor". Pode registrar seus pensamentos e sentimentos sobre o novo amor em um diário, desenho ou colagem. Quando você embarcar no novo amor, desate o terceiro nó e diga: "Nós nos comunicamos com clareza". Quando estiver pronto para aprofundar sua conexão, desate o quarto nó e diga: "Nossa paixão cresce".

Feitiço
CASAMENTO

- Número: três fios, duas vidas fazem uma nova vida juntos.
- Cores: vermelho-claro, para o amor; azul-escuro, para confiabilidade; vermelho-púrpura (magenta), para a compaixão.
- Intenção: "Meu parceiro e eu fazemos uma nova vida juntos. Nós nos comunicamos com clareza e nosso amor é sustentado. Tornamos um lar seguro e nutritivo".
- Cordas de carregamento: Lua cheia para conclusão e sucesso.
- Nós: dê apenas um nó neste cordão. Afinal, "dar um nó" é um termo usado para casamento! Este você pode puxar com a força que quiser para manter o casamento forte.

Aqui estão algumas ideias para usar o nó no cordão. Logo após o casamento, dê o nó expressando seu desejo para o primeiro mês do enlace. Anote isso! No final do mês, desate o nó pensando em como o mês se desenrolou. Deixe sua meditação guiá-lo até o seu desejo para o segundo mês. Continue fazendo um desejo por mês durante o primeiro ano.

Após o primeiro ano, faça um desejo para os próximos seis meses. Certifique-se de anotá-lo e colocá-lo com o cordão e uma data para verificá-lo. Faça um segundo desejo para os próximos seis meses. Depois disso, você pode fazer um desejo por ano. Certifique-se de escolher uma fibra durável para este cordão, de modo que ele permaneça forte com o tempo.

Feitiço

CONSTRUINDO UMA FAMÍLIA

- Número: três fios, para a tríade; dois, para pais e filho. Se houver mais de um pai/mãe ou filhos, adicione fios para cada um.
- Cores: verde, para a saúde; laranja-escuro, para proteção; vermelho-escuro, para o sangue da vida.
- Intenção: "Uma criança entra na minha vida" ou "as crianças entram na minha vida".
- Cordas de carregamento: amanhecer, primavera e Lua nova, para novos começos.
- Nós: um nó para cada criança.

Você pode optar por engravidar ou ajudar uma amiga que está fazendo essa escolha. Essa intenção é explicitada na parte que fala sobre saúde, em "Gravidez fácil e parto bem-sucedido". Você também pode decidir adotar ou criar quantas crianças quiser, ou dividir responsabilidades de criação com alguém que seja o guardião legal de um ou mais filhos. Você pode ajudar amigos que estão trabalhando para adotar ou criar uma ou várias crianças.

Feitiço
CRIANDO ESTABILIDADE NA VIDA EM CASA

- Número: oito fios; sendo dois de parceria; quatro de um quadrado; seis do cubo e oito para a roda das estações.
- Cores: laranja-escuro, para proteção; laranja-avermelhado (coral), para esperança; marrom, para suporte; verde, para saúde; verde-escuro, para prosperidade; amarelo, para felicidade; azul para paz; roxo-escuro, para sucesso
- Intenção: "Minha casa está protegida, minha família se apoia, todos que vivem aqui são saudáveis e seguros, somos prósperos e felizes".
- Cordas de carregamento: elemento Terra para estabilidade.
- Nós: dê um ou mais nós na corda dizendo "segurança e felicidade". Desamarre o nó quando quiser renovar as energias da família e diga: "Esta família está segura e feliz". Uma maneira de trabalhar o feitiço é fazer doze nós e liberar um deles a cada mês.

Feitiço
TRANSIÇÕES

- Número: nove fios, o número da magia.
- Cores: vermelho-escuro, para a vida; azul-esverdeado (turquesa), para sabedoria; laranja-escuro, para proteção; azul-púrpura (pervinca), para serenidade; marrom, para suporte; laranja, para excitação; verde-claro, para novos crescimentos; roxo-claro, para aspiração e amarelo, para a felicidade.
- Intenção: "Navego nesta transição com sucesso para a minha nova vida".
- Cordas de carregamento: inverno e meia-noite, para os finais, primavera e Lua nova, para os começos.
- Nós: dê três nós no cordão. Com o primeiro nó, diga: "Começa". Com o segundo nó diga: "Continue". E com o terceiro nó diga: "Complete". Quando estiver pronto, desate o primeiro

nó e diga: "A transição começa". Com o segundo, diga: "A transição continua". Com o terceiro e último diga: "A transição está completa".

Este cordão serve de apoio para navegar em qualquer transição: iniciar ou terminar um relacionamento, uma mudança na saúde, mudar de endereço, deixar um emprego ou começar um novo, estabelecer ou fechar um negócio, entrar ou sair de um grupo, aposentar-se ou cuidar de um idoso.

Cordas Mágicas das Bruxas

As Bruxas usam cordas! Quando fui iniciada como Bruxa de Primeiro Grau, o Coven me mediu. Eu também tomei a medida de cada Iniciado que fiz (eu as devolvo ao Iniciado). Aprendi a usar um grande cordão em volta da cintura com as cores de minha tradição – vermelho, branco e azul. Eu conheço Bruxas que usam cordões tradicionais vermelhos, brancos e pretos, e também usam uma corda para medir o diâmetro do Círculo Mágico e para lançar feitiços. O feitiço mais famoso é o Feitiço de Nove Nós.

Feitiço
MEDIDA

Em *The Inner Mysteries*, Janet Farrar e Gavin Bone dão uma descrição de como a medida funciona: os Covens tomam a medida do novo Iniciado como uma forma de magia de proteção. A ideia é que a corda represente a pessoa. Se o Iniciado quebrasse seu voto de segredo, a corda poderia ser usada para enviar magia de punição. Farrar e Bone abandonaram essa prática, em vez disso, deram a medida ao Iniciado como uma prova de confiança e, finalmente, pararam de usá-la completamente.[122] Embora eu faça medições de Iniciados,

---

122. Janet Farrar, *The Inner Mysteries*.

concordo que a prática de usar uma medida para punição pertence ao passado. O que eu faço é pegar a corda medida como uma forma de me conectar com a tradição, mas devolvo depois.

É assim que funciona: usando um novelo de fio vermelho, meça um comprimento da linha da cabeça do Iniciado até os dedos dos pés. Depois que o fio é cortado, o Iniciado mantém seus braços próximos ao corpo e a corda é enrolada em seu peito e braços; um nó é amarrado onde as duas extremidades se encontram. O resultado final é um fio medindo o comprimento e a largura da pessoa.

Feitiço

CORDÃO CIRCULAR DE NOVE PÉS[123]

As Bruxas costumam se encontrar em reuniões chamadas de *Círculos*. A maioria delas hoje concorda que o Círculo deve ser de qualquer tamanho para todos os membros; no entanto, algumas tradições recomendam que esse Círculo tenha quase três metros de largura, o número da magia. Para fazer este cordão circular, corte um pedaço de três metros de um novelo de lã vermelha. Para usá-lo, coloque-o no chão para marcar a circunferência do círculo. Você pode colocar marcadores em qualquer uma das extremidades para localizar a borda do círculo.

Na prática, uma corda de quase três metros é bastante difícil de usar. Você pode usar um com metade desse tamanho e marcar o raio do círculo. Meça um comprimento de 1,37 metros de uma meada de fios vermelhos. Prenda uma extremidade do fio no chão, no centro de uma sala – coloque algo pesado sobre ele, ou amarre-o na perna de uma cadeira ou peça a alguém que o segure. Agora ande em círculo ao redor do espaço. Coloque marcadores nos quadrantes para que você saiba onde fica o círculo.

---

123. Um pé equivale à 30,48 cm. Portanto nove pés é aproximadamente 274 cm.

Feitiço
CORDA DA BRUXA

Os Bruxos iniciados costumam usar cordas como cintos nas vestes. Geralmente, uma tradição especifica a cor dos cordões: os mais comuns são brancos, vermelhos e pretos, escolhas que ressoam com as cores mais antigas da magia das cordas.

É preciso pensar um pouco para fazer uma corda que seja volumosa e longa o suficiente para funcionar como um cinto. Este é um projeto onde o macramê funciona bem. Fiz um cordão de cinto torcido para um iniciado. Para um cinto de três pés, os fios precisam ter cerca de três metros de comprimento – levou cinco nós para esticar os fios e enrolá-los!

- **Número:** três fios.
- **Cores:** branco, vermelho, preto.
- **Intenção:** "Eu invoco os ancestrais, a Deusa e o Deus, e os poderes dos elementais para abençoar este cordão".
- **Nós:** você pode dar um ou mais nós nesta corda para qualquer finalidade.

Feitiço
FEITIÇO DE NOVE NÓS

Outro uso para a corda de nove pés é o Feitiço de Nove Nós. Dê nove nós enquanto se concentra no que deseja que aconteça. Você pode amarrá-los na Lua crescente para fazer as coisas acontecerem, como aumentar a prosperidade e a saúde, ou amarrá-los durante a Lua minguante para eliminar coisas de sua vida, como doenças e preocupações. No livro *The Complete Book of Witchcraft*, Raymond Buckland dá sua versão do feitiço na ordem em que os nós devem ser amarrados.[124]

---

124. Buckland, "Cord Magick" em *The Complete Book of Witchcraft*.

Com UM nó, o feitiço começou   _x_____

Com DOIS nós, ele se torna verdadeiro   _x_____x_

Com TRÊS nós, seguimos em frente   _x_____x_____x_

Com QUATRO nós, este poder eu armazeno   _x_____x_____x_____x_

Com CINCO nós, o feitiço está vivo   _x_____x_____x_____x___x_

Com SEIS nós, este feitiço se fixa   _x_x_x_____x_____x___x_

Com SETE nós, eventos vão se elevar   _x_x_x_____x_____x__x_x_

Com OITO nós, eu traço o destino   _x_x_x_x_____x_____x__x_x_

Com NOVE nós, o que está feito é meu   _x_x_x_x____x_____x__x_x_x_

Feitiço de Nove Nós

Feitiço
ESCADA DE BRUXA

Em 1878, uma velha casa em Somerset, Inglaterra, foi desmontada. Os trabalhadores encontraram curiosidades no sótão – uma cadeira velha, seis vassouras e um pedaço de barbante preso com penas de galo. Os trabalhadores relataram que a cadeira era para as Bruxas se sentarem, as vassouras eram para elas andarem e a figura do barbante era uma escada para ajudá-las a cruzar o telhado. Assim, o termo "Escada de Bruxa" foi anexado ao objeto.[125]

A descoberta foi publicada no Folk-Lore Journal e discutida pelo folclorista americano Charles Leland, que estava ciente de um dispositivo semelhante usando penas de galinha. Gerald Gardner, o fundador da Tradição Gardneriana, também era membro da Folk-Lore Society. Ele e outras Bruxas podem ter aprendido sobre isso naquela publicação. A Escada de Bruxa aparece hoje em livros e na web como uma forma de nó mágico.

---

125. Wingfield, "Witches' Ladder: The Hidden History".

Além da fibra, esse amuleto exige penas. Embora você possa ter coletado penas que corvos, gaivotas e outros pássaros soltaram em seu gramado, na verdade não é legal possuir uma pena de qualquer pássaro nativo do continente norte-americano. Um século atrás, as penas estavam na moda; colônias inteiras de pássaros foram abatidas, então uma lei foi aprovada para protegê-los. E já que não se pode provar que não matou um pássaro por causa de suas penas, não é aconselhável possuir uma.[126] No entanto, você pode usar penas perdidas por galinhas e galos, que são tradicionalmente usados no amuleto!

Primeiro torça a corda, em seguida, insira as penas nela. Você pode adicionar qualquer número de penas. Se escolher nove penas, poderá usar as palavras do Feitiço de Nove Nós para direcionar a magia na corda. Eu uso o número 13, que tem sido associado à Bruxaria como o número tradicional de Bruxas em um Coven e o número de Luas em um ano.

- Número: três fios.
- Cores: vermelho, branco, preto.
- Intenção: "Este é o cordão da Escada das Bruxas".
- Penas: ao inserir as penas, você pode dizer: "Você está fixado como um degrau na escada".
- Usando a escada: fale o propósito que deseja enviar. Segurando a escada com uma das mãos, passe os dedos da mão livre subindo pelas penas. Diga "Eu mando isto escada acima", depois, conte as penas enquanto prossegue, "Um, dois, três, quatro, cinco", até chegar ao último número e grite "FEITO!" e mova seus dedos para cima.
- Armazenando a escada: embrulhe-a cuidadosamente em um pano e guarde com seus itens mágicos até que esteja pronto para usá-los.

---

126. Daley, "Five Things to Know About the Recently Changed Migratory Bird Act".

Sabbats

Fazer um cordão é uma ótima maneira de comemorar um Sabbat. Você mesmo pode fazer isso para capturar a energia do dia. Se encontrar um grupo, pode formar pares e criar cordões, ou todos podem fazer um cordão juntos e então dividi-lo para que cada um tenha uma parte dele e uma conexão com o outro.

Você pode colocar uma intenção específica no cordão. Pode pendurá-lo na parede como uma bênção, mantê-lo até o próximo ano e depois substituí-lo ou pode coletar o tempo com cordões sabáticos. Apenas certifique-se de rotulá-los para saber o que são. Faça o que fizer, mantenha um registro de sua intenção para que possa acompanhar seus resultados.

Feitiço
CORDÃO SABÁTICO

- Número: quatro ou oito fios.
- Cores: veja o gráfico a seguir.
- Intenção: "Este é o cordão para (diga o nome do Sabbat)".
- Nós: dê um nó na corda e diga: "O poder do (Sabbat) é capturado aqui". Quando você quiser esse poder em sua vida, desate o nó e diga: "O poder do (Sabbat) está presente agora". Se você não desamarrou o nó, faça isso no mesmo Sabbat no ano seguinte e diga: "O poder do (Sabbat) foi liberado".

Por exemplo, para um Cordão de Brigit, você pode usar dois fios brancos e dois vermelhos e dizer: "Este é o cordão para Brigit este ano". Dê um nó na corda e diga: "O poder de Brigit está capturado aqui". Quando você quiser esse poder em sua vida, desate-o e diga: "O poder de Brigit está presente agora". Se você não desatou o nó de Brigit, no ano seguinte desate-o e diga: "O poder de Brigit foi liberado".

Escada de Bruxa

Referência rápida
CORES DO SABBAT

Sabbat	Cores
Brigit/Candlemas	Branco e vermelho
Ostara/Equinócio de Primavera	Rosa, verde e cores de primavera
Beltane	Arco-íris, todas as cores
Litha/Solstício de Verão	Vermelho, laranja e amarelo
Lammas	Laranja, amarelo e verde
Mabon/Equinócio de Outono	Vermelho, laranja e marrom
Samhain	Laranja e preto
Yule/Solstício de Inverno	Vermelho e verde

Feitiço
NÓ DA RODA DO ANO

Uma maneira de acessar a energia dos Sabbats é fazer um único cordão e dar um nó nele a cada Sabbat. Faça isso com um grupo como parte de seu ritual regular ou sozinho, no dia e hora exatos que escolher. Você pode pendurar o cordão na parede ou colocá-lo em um altar enquanto ele coleta a energia do ano. Com o tempo, isso pode gerar uma carga poderosa! O cordão então adiciona energia a todo o trabalho que você faz.

- Número: oito fios.
- Cores: branco, rosa, roxo, vermelho, amarelo, verde, azul e preto.
- Intenção: "A Roda do Ano é capturada aqui".
- Nós: cada Sabbat dá um nó na corda, dizendo "(nome do Sabbat) é capturado aqui".

Cordões de signos astrológicos

O sol entra em um signo diferente do Zodíaco a cada mês. Seu signo astrológico é o signo que o sol ocupava quando você nasceu. Você pode ter um gráfico de mapa astral que mapeia as relações dos planetas no céu no seu aniversário. Este mapa é feito com base em todo um campo de estudo! Se você conhece seu signo ou está interessado em explorá-lo, pode fazer um cordão para ele.

Você pode fazer um cordão astrológico a qualquer momento. Mas se puder esperar, é ótimo fazer um cordão durante o mês em que o sol está em determinado signo para capturar a energia que está ativa em seu ambiente naquele momento. Como os signos astrológicos correspondem ao calendário, é tentador associá-los às estações, mas elas são diferentes dependendo de onde você está no Planeta. Por exemplo, a primavera inicia em fevereiro na minha cidade natal, Seattle, já em Minneapolis começa em maio e em São Paulo, no Brasil, começa em setembro.

Cada signo astrológico está associado a três atributos: um planeta, um elemento e uma qualidade. As qualidades são cardinais, fixas e mutáveis. Os signos cardinais iniciam o ciclo, os signos fixos estabilizam as energias e os signos mutáveis gerenciam as transições. A planilha a seguir lista as cores que uso para as qualidades como exemplo, deixando sempre um espaço para suas próprias cores, se você preferir outras.

Planilha
CORES DE QUALIDADES ASTROLÓGICAS

Qualidade	Cores de amostra	Minhas cores
Cardinal	Roxo-escuro	
Fixado	Marrom	
Mutável	Laranja-escuro	

Referência rápida
CORES DO SIGNOS ASTROLÓGICOS

Como há muita sobreposição de cores, é uma boa ideia ter diferentes tons para os elementos e os planetas. Por exemplo, você pode ver que Áries tem dois tons diferentes de vermelho – um para o elemento Fogo e outro para Marte.

Signo	Cor planetária	Cor elemental	Qualidade de cor
Áries	Marte: vermelho-escuro	Fogo: vermelho	Cardinal: roxo-escuro
Touro	Vênus: verde	Terra: verde-escuro	Fixo: Marrom
Gêmeos	Mercúrio: laranja	Ar: amarelo	Mutável: laranja-claro
Câncer	Lua: branco	Água: azul-escuro	Cardinal: roxo-escuro
Leão	Sol: amarelo	Fogo: vermelho	Fixo: marrom
Virgem	Mercúrio: laranja	Terra: verde-escuro	Mutável: laranja-claro
Libra	Vênus: verde	Ar: amarelo	Cardinal: roxo-escuro
Escorpião	Marte: vermelho	Água: azul-escuro	Fixo: marrom
Sagitário	Júpiter: azul	Fogo: vermelho	Mutável: laranja-claro
Capricórnio	Saturno: preto	Terra: Verde-escuro	Cardinal: Roxo-escuro
Aquário	Saturno: preto; Urânio: roxo	Ar: amarelo	Fixo: marrom
Peixes	Júpiter: azul; Plutão: branco	Água: azul	Mutável: laranja-claro

Os antigos conheciam apenas os planetas visíveis a olho nu, então eles atribuíram Saturno para Aquário e Júpiter para Peixes. Na astrologia moderna, Aquário também é associado a Urano, e Peixes também a Plutão. Você pode usar qualquer planeta ou ambos. Os antigos não estavam cientes dos novos planetas, então eles não atribuíram cores a eles. Sugestões são fornecidas aqui, embora você possa usar outras cores, se desejar.

Feitiço
CORDÕES DOS SIGNOS ASTROLÓGICOS

- Número: três fios, um para cada planeta, elemento e qualidade.
- Cores: as cores do planeta, elemento e qualidade do signo.
- Intenção: "Este é o cordão para (signo)".
- Nós: dê um nó no cordão e diga: "O poder de (signo) está capturado aqui". Quando você quiser esse poder em sua vida, desate o nó e diga: "O poder de (signo) está presente agora". Se você não desamarrou o nó no mesmo Sabbat no ano seguinte, desate-o e diga: "O poder de (signo) foi liberado".

Por exemplo, para um cordão de Áries, você pode usar um fio vermelho para o Fogo, dois fios vermelho-escuro para Marte e dizer "Este é o fio para Áries deste ano". Dê um nó na corda e diga: "O poder de Áries está capturado aqui". Quando você quiser esse poder em sua vida, desate o nó e diga: "O poder de Áries está presente agora".

Você pode adicionar as cores dos signos astrológicos a qualquer outro cordão para personalizá-lo. Um cordão de sinal astrológico também é um ótimo presente de aniversário.

Cerimônia da magia com as cordas

Os magos cerimoniais usam cores planetárias em seu trabalho. Os adeptos da *Golden Dawn* expandiram as cores básicas dos planetas. Eles exploraram cores relacionadas às correspondências planetárias da

Árvore Hermética da Vida com base na Cabala Hebraica. Os artistas visionários da *Golden Dawn*, Florence Farr e Moina Mathers, criaram as escalas de cores em uso hoje.[127] Estas também foram as escalas que Lady Freida Harris usou para pintar o *Tarot Thoth* de Aleister Crowley.[128]

Funciona desse jeito. A Árvore da Vida tem dez esferas. Além disso, a Árvore existe em quatro mundos. Pense em quatro Árvores empilhadas umas sobre as outras como um bolo em camadas. O sistema *Golden Dawn* atribui cores a cada uma das esferas em cada um dos quatro mundos, para um total de quarenta cores. Eles nomearam essas quatro escalas de cores com base nas Cartas da Corte do Tarô: Rei, Rainha, Príncipe e Princesa.

Existem também 22 caminhos conectando as 10 esferas. Na Árvore Hermética, cada um desses caminhos é atribuído a um planeta, um signo astrológico ou a um dos elementos Terra, Ar, Fogo e Água. Cada um desses caminhos também existe nos quatro mundos e é atribuído a uma cor nas escalas de Rei, Rainha, Príncipe ou Princesa.

É difícil encontrar uma imagem de esferas e caminhos nos quatro mundos, mas é fácil fazer um cordão com quatro cores! Fazer um cordão esférico da Árvore da Vida é uma das coisas mais legais a se fazer com essa magia.

Richard Dudschus e David Sledzinski oferecem um livro gratuito chamado *Coloring the Classic Golden Dawn Tarot* (listado na bibliografia). Eles fornecem as correspondências de cores para todas as esferas e caminhos. No entanto, use qualquer outra fonte que faça sentido para você. E mais importante ainda, use a sua própria intuição para encontrar as cores que funcionam melhor para você.

As cores da *Golden Dawn* incluem combinações e cores salpicadas. Você pode explorar o mundo da fibra e encontrar correspondências para cada uma delas. O gráfico de referência rápida a seguir traduz essas cores na paleta de cores expandida usada neste livro. Para manter as correspondências reconhecíveis para mágicos cerimoniais, cabalistas e esotéricos, o gráfico fornece escalas com os nomes da *Golden Dawn* que refletem um preconceito masculino e são um tanto segmentados,

---

127. Dudschus, *Coloring the Classic Golden Dawn Tarot*
128. Duquette, *Understanding Aleister Crowley's Thoth Tarot: New Edition.*

você pode se sentir livre para renomeá-los. Como as esferas de 2 a 10 correspondem aos planetas, a escala da Rainha para cada esfera reflete a cor do planeta associado. As esferas 1 e 2 estão associadas ao céu estrelado e à realidade final, rotuladas aqui como "espaço".

Referência rápida
CORES DA ÁRVORE DA VIDA

Esfera	Nome planetário	Escala dos reis	Escala das rainhas	Escala dos príncipes	Escala das princesas
1	Espaço	Branco	Branco	Branco	Branco
2	Estrelas	Azul-claro	Cinza	Azul-esverdeado (turquesa)	Roxo-escuro
3	Saturno	Vermelho-escuro	Preto	Marrom	Cinza
4	Júpiter	Azul-escuro	Azul	Azul-claro	Amarelo-claro
5	Marte	Laranja	Vermelho	Laranja-escuro	Vermelho-claro
6	Sol	Rosa	Amarelo	Vermelho-alaranjado (Coral)	Amarelo-escuro
7	Vênus	Amarelo-alaranjado (âmbar)	Verde	Amarelo-esverdeado (*chartreuse*)	Verde-claro
8	Mercúrio	Roxo-claro	Laranja	Vermelho-púrpura (magenta)	Laranja-claro
9	Lua	Bege	Branco	Azul-púrpura (*periwinkle*)	Cinza
10	Terra	Amarelo-claro	Verde-escuro	Vermelho-escuro	Preto

Feitiço
CORDÃO DE ESFERA

- Número: quatro fios.
- Cores: veja o gráfico de referência rápida da Árvore da Vida.
- Intenção: "Este é o cordão de (nome planetário da esfera)". Os cabalistas podem usar o nome cabalístico para a esfera (Kether, Chokmah, Binah, Chesed, Geburah, Tipareth, Netzach, Hod, Yesod e Malkhut).
- Nós: dê um nó na corda e diga: "O poder de (esfera) é capturado aqui". Quando você quiser esse poder em sua vida, desate o nó e diga: "O poder de (esfera) está presente agora".

Feitiço
CORDÃO DA ÁRVORE DA VIDA

Este cordão pega a escala da Rainha ou cores planetárias e as combina para criar um Corda da Árvore da Vida. Visto que o branco representa a primeira esfera, a cor da Lua aqui vem da escala do Príncipe, azul-púrpura.

- Número: dez fios.
- Cores: branco, cinza, preto, azul, vermelho, amarelo, verde, laranja, azul-púrpura (pervinca) e verde-escuro.
- Intenção: "Esta corda contém o poder da Árvore da Vida".

Esta corda é particularmente boa como um cordão para um pingente ou para usar enquanto estuda a Árvore da Vida e pratica seus rituais.

Projetos Especiais

Aqui estão dois projetos que não se encaixam em outra categoria, mas se destacam como obras mágicas. A primeira é a Magia da Casa, protegendo onde vivemos. A segunda é o *handfasting*, a magia do casamento unindo nossas vidas.

Feitiço
PROTEÇÃO DA CASA

Trabalhadores mágicos usam talismãs para proteger nossos espaços de vida. Os cordões são maravilhosos talismãs de proteção por conta própria. Eles também podem ser combinados com outros objetos, como pentagramas, pedras com buracos, bagas de sorveira e outros artefatos com associações protetoras. Os cordões podem ser pendurados em portas e janelas. Eles também podem ser colocados em quatro lugares ao redor da casa para formar um campo de proteção.

Norte
- Número: quatro fios para o quadrado de proteção.
- Cores: amarelo-claro, verde-escuro, vermelho-escuro e preto.
- Intenção: "Este cordão protege este lugar no Norte".
- Cordas de carregamento: Cordão da Terra.

Leste
- Número: quatro fios para o quadrado de proteção.
- Cores: amarelo, azul-claro, azul e branco.
- Intenção: "Este cordão protege este lugar no Leste".
- Cordas de carregamento: Cordão do Ar.

Sul
- Número: quatro fios para o quadrado de proteção.
- Cores: amarelo, vermelho, laranja, branco.
- Intenção: "Este cordão protege este lugar no Sul".
- Cordas de carregamento: Cordão do Fogo.

Oeste
- Número: quatro fios para o quadrado de proteção.
- Cores: azul, azul-escuro, verde-escuro, roxo-escuro.
- Intenção: "Este cordão protege este lugar no Oeste".
- Cordas de carregamento: Cordão da Água.

Handfasting (união das mãos)

A cerimônia de união com as mãos se tornou um dos rituais de casamento dos mais populares. Cada casamento que oficializei incluiu um elemento de união manual. Unir as mãos de duas pessoas faz uma declaração visual para a família e os amigos que testemunham o casamento, e a sensação de estar ligado a outra pessoa marca o momento de união para os cônjuges.

Você pode torcer um cordão para usar na cerimônia. É melhor usar um fio volumoso em vez de linha de bordado e garantir que seja longo o suficiente para envolver as mãos; o resultado será um belo cordão flexível. Se você escolher usar um cordão para um ritual de matrimônio, presenteie o casal com ele. Além disso, muitos casais fazem seu próprio cordão de união usando uma técnica de macramê, que torna um cordão mais grosso (e menos flexível).

> **Dica:** se você estiver oficializando, pratique envolver as mãos dos cônjuges com o cordão. Os cordões macramê são rígidos e exigem um pouco de trabalho para serem contornados.

Feitiço
CORDÃO DA UNIÃO

- **Número:** três fios, um para cada cônjuge e outro para a união.
- **Cores:** vermelho-claro, para o amor; verde-escuro, para a prosperidade e amarelo para a felicidade.
- **Intenção:** "Como essas mãos estão entrelaçadas, essas vidas estão atadas".

Comemorações

Os cordões são presentes divertidos para oferecer aos convidados em celebrações como casamentos e aniversários. Você pode fazer os cordões com antecedência ou até mesmo ensinar os convidados como fazê-los juntos. Para este projeto, escolha as cores que fazem sentido para você para combinar com a ocasião.

Amizade

Você pode fazer um cordão para comemorar uma amizade com uma pessoa ou um grupo de pessoas. Cada pessoa escolhe uma cor. Faça o cordão longo o suficiente para que possa ser dividido para dar a cada pessoa. Você divide o cordão fazendo dois nós e cortando entre eles.

Nota final

O cordão mais importante que já fiz foi para um companheiro de Coven que tinha câncer. Era uma forma de leucemia que surgia e progredia rapidamente. Ele fez uma sequência de quimioterapia que o tornou muito vulnerável a doenças. Houve um momento de crise durante o tratamento em que não se sabia se ele se recuperaria ou não.

O Coven fez um cordão. Todos nós fizemos isso em círculo, juntos, e então demos a ele um pedaço. Sua peça era a ponta da corda. A parte que guardamos foi a nossa ponta. À medida que o tratamento progredia, pensamos nele indo para o submundo e nos imaginamos esticando a corda como se estivéssemos buscando alguém de dentro de uma caverna. No momento da crise, puxamos com toda a força mágica que tínhamos para erguê-lo de volta à terra dos vivos.

Ele saiu da quimioterapia e voltou para casa. Apresso-me em acrescentar que ele tinha um atendimento médico realmente bom, uma família biológica que orava por ele, uma esposa e filhas que faziam magias para ele todos os dias e um grande grupo de amigos que estavam fazendo o que podiam para ajudar. O cordão certamente não era o único poder que as pessoas que o amavam usavam para recuperá-lo. No entanto, era o foco do Coven e funcionou exatamente como queríamos.

Por um tempo ele ficou bem, então o câncer voltou com força total. No meio disso, ele passou um tempo com o Coven, sua esposa, sua família e amigos. Ele celebrou o casamento de sua filha, uma memória que todos nós apreciamos. Lembro-me vividamente do abraço que ele me deu na última reunião do Coven que tivemos com ele. E aí aparece a pergunta: O que você daria para receber mais um abraço do seu querido amigo?

Este livro começou e terminou com histórias sobre amigos fazendo cordas juntos. Nesse meio tempo, exploramos a medição de cordas, o uso de números, cores e fibras no design dos cordões, e iniciamos muitos projetos. As cordas trazem magia para todas as partes de nossas vidas. Espero que você se sinta inspirado a pegar um fio e torcer!

Bibliografia

Anderson, Geri. "Looms, weavers and the sacred snail on Mexico's Costa Chica." Mexconnect.com, April 3, 2011.

Anderson, Mali. "How to Make Natural Dyes from Fruits and Vegetables." Tom's of Maine.

Antico, Concetta. "Tetrachromancy." Concettaantico.com.

Austin, Pam. *Hand Spinning: Essential Technical and Creative Skills*. Ramsbury, UK: The Crowood Press, 2018.

Australia National Telescope Facility. "The Colour of Stars."

Ayto, John. *Word Origins, The Hidden History of English Words from A to Z*. London: A&C Black, 2005.

Barber, Elizabeth Wayland. *Women's Work: The First 20,000 Years: Women, Cloth, and Society in Early Times*. London: W.W. Norton and Company, 1995.

Barber, E. J. W. *Prehistoric Textiles: The Development of Cloth in the Neolithic and Bronze Ages*. Princeton, NJ: Princeton University Press, 1991.

Barras, Colin. "World's oldest string found at French Neanderthal site." *New Scientist*, Sept. 13, 2013.

Bauer, Gerie. *Numerology for Beginners: Easy Guide to Love, Money & Destiny*. St. Paul, MN: Llewellyn Publications, 2000.

Beaumont, Peter. "Ancient shellfish used for purple dye vanishes from eastern Med." *The Guardian*, Dec. 5, 2016.

Beckwith, Christopher I. *Empires of the Silk Road: A History of Central Eurasia from the Bronze Age to the Present*. Princeton, NJ: Princeton University Press, 2009.

Bentor, Yael. *Consecration of Images and Stupas in Indo-Tibetan Tantric Buddhism*. Leiden, NL: E.J. Brill, 1996.

Bertonis, Gloria. *Stone Age Divas, Their Mystery and Their Magic*. Bloomington, IN: Anchor House, 2011.

Bhatnagar, Satish C. *My Hindu Faith and Periscope, Volume 1*. Bloomington, IN: Trafford Publishing, 2012.

Bimbaum, Jennifer. "Consecration of Statues and Thangkas." *Snow Lion* newsletter, Winter 1995.

Black, Kate. "Clothing Textiles, From Fiber to Fabric: Acrylic." Utah State University Cooperative Extension. 2000.

Bohr, Jakob, and Kasper Olson. "The Ancient Art of Laying Rope." Cornell University via arXiv.org, April 6, 2010.

Brooks, Lizzie. "Washing Instructions for Acrylic Yarn." eHow.com, August 31, 2017.

Brunello, Franco. *The Art of Dyeing in the History of Mankind*. Vicenza, Italy: Neri Pozza, Editore, 1973.

Buchanan, Rita. *A Weaver's Garden: Growing Plants for Natural Dyes and Fibers*. Loveland, CO: Interweave Press, 1987.

Buckland, Raymond. *Buckland's Complete Book of Witchcraft*. St. Paul, MN: Llewellyn, 2002. First published 1986.

Budge, E.A. Wallis. *Amulets and Superstitions*. New York: Dover Press, 1978. First published 1930 by Oxford University Press, H. Milford (London).

Cartwright, Mark. "Tyrian Purple." Ancient History Encyclopedia, July 21, 2016.

Cavanagh, Roy. "Sai Sin and the Sacred White Thread." Thaizer Thailand Travel Guide, June 5 2015.

Colour Blind Awareness. "Types of Colour Blindness."

Compassion in World Farming. "Welfare issues for sheep."

Cook, Michael. "Ahimsa (Peace) Silk, Why I Think it Doesn't Add Up." Wormspit.com.

Correa, Florencia Campos. *100 Pin Loom Squares*. New York: St. Martin's Press, 2015.

Crowley, Aleister. *777 and other Qabbalistic Writings of Aleister Crowley*. Edited by Israel Regardie. Boston: Weiser Books, 1977.

Daley, Jason. "Five Things to Know About the Recently Changed Migratory Bird Act." *Smithsonian* magazine, Dec. 27, 2017.

Daniel, Frank Jack. "Jeans firms pollute Mexican city with blue dye." Reuters, May 2, 2007.

David, Alison Matthews. *Fashion Victims: The Dangers of Dress Past and Present*. London: Bloomsbury Visual Arts, 2015.

De Garis, Frederick, and Atsuharu Sakai. *We Japanese*. New York: Routledge and Kegan Paul, 2002.

De Mooij, Marieke. *Consumer Behavior and Culture: Consequences for Global Marketing and Advertising*. Los Angeles: Sage Publications, 2011.

Deming, David. *Science and Technology in World History, Vol. 4: The Origin of Chemistry, the Principle of Progress, the Enlightenment and the Industrial Revolution*. Jefferson, NC: McFarland and Company, 2016.

Donmoyer, Patrick J. *Powwowing in Pennsylvania: Braucherei and the Ritual of Everyday Life*. Kutztown, PA: Masthof Press and Pennsylvania German Cultural Center, Kutztown University, 2017.

Dudschus, Richard, and David Sledzinski. *Coloring the Classic Golden Dawn Tarot*. Renton, WA: D & S Publishing, 2005.

Duquette, Lon Milo. *Understanding Aleister Crowley's Thoth Tarot*. Woodbury, MN: Llewellyn Publications, 2017.

Elwell, Craig K. *Brief History of the Gold Standard in the United States*. Congressional Research Service, June 23, 2011. CRS Report for Congress, 2011.

Ewin, Elizabeth. *Fashion in Underwear: From Babylon to Bikini Briefs*. London: B.T. Batsford, Ltd., 1971.

Farrar, Janet, and Gavin Bone. *The Inner Mysteries: Progressive Witchcraft and Connection with the Divine,* second edition. Portland, OR: Acorn Guild Press, 2012. First published 2003 as *Progressive Witchcraft*, Career Press (Franklin Lakes, NJ).

Ferry, Tim. "Pasture degradation threatens Mongolia's cashmere industry." Nikkei Asian Review, September 7, 2017.

Gaboriaud-Kolar, Nicolas, Sangkil Nam, and Alexios-Leandros Skaltsounis. "A Colorful History, the Evolution of Indigoids," *Progress in the Chemistry of Organic Natural Products 99* (2014), A.D. Kinghorn, H. Falk, and J. Kobayashi, eds.

Geselowitz, Michael. "The Jacquard Loom: A Driver of the Industrial Revolution." The Institute, the IEEE News Source, July 18, 2016.

Goodman, Brenda, MA. "Hot Flashes Linked to Lower Breast Cancer Risk." WebMD, Jan. 28, 2011.

Greenpeace. "Toxic Threads: The Big Fashion Stitch-Up." Greenpeace International, 2012.

Guiard, Patrice, PhD. *Planets, Colors and Metals*. 2004, http://cura .free. fr/22plcome.html.

Handcock, Percy S. P. *Mesopotamian Archaeology: An Introduction to the Archaeology of Mesopotamia and Assyria*. First published 1912 by Macmillan and Co (London).

Hibi, Sadao, Kunio Fukuda, and John Bester. *The Colors of Japan*. New York: Kodansha International, 2000.

Holm, Dan. "Why These Colors Don't Run: Dyeing the Star-Spangled Banner." National Museum of American History, April 21, 2014.

Holtzschue, Linda. *Understanding Color: An Introduction for Designers*. Hoboken, NJ: John Wiley and Sons, 2011.

How Products Are Made. "Rayon."

Hummel, John James, F.C.S. "The Dyeing of Textile Fabrics," *The New Technical Educator: An Encyclopaedia of Technical Education, Volume 4*. London: Cassell and Company Limited, 1898.

Humphrey, Nicholas. "The Colour Currency of Nature," Edited by Tom Porter and Byron Mikellides. *Colour for Architecture Today*, Studio-Vista (1976): 95–98.

Hurriyet Daily News. "Centuries-old fabric found in Catalhoyuk." February 3, 2014.

Jorgensen, Susan S., and Susan S. Izard. *Knitting into the Mystery, A Guide to the Shawl-Knitting Ministry*. Harrisburg, PA: Morehouse Publishing, 2003.

Kabbalah Centre. "The Red String." Feb. 8, 2013.

Kan, Chi-wai. *A Novel Green Treatment for Textiles: Plasma Treatment as a Sustainable Technology*. London: CRC Press: 2015.

Kassinger, Ruth. *Dyes: From Sea Snails to Synthetics*. Brookfield, CT: Twenty-First Century Books, 2003.

Kastan, David, with Stephen Farthing. *On Color*. London: Yale University Press, 2018.

Klein, Herbert Arthur. *The Science of Measurement: A Historical Survey*. New York: Dover Publications, 1988.

Kluge, Charlie. *The Tallit*. Lake Mary, FL: Charisma House, 2016.

Kolev, Rumen. "Some Reflections about Babylonian Astrology." 2001.

Kvavadze, Eliso, Ofer Bar-Yosef, Anna Belfer-Cohen, Elisabetta Boaretto, Nino Jakeli, Zinovi Matskevich, and Tengiz Meshveliani. "30,000 Years old wild flax fibers—Testimony for fabricating prehistoric linen," *Science* 325 no. 5946 (2009): 1359.

Lagan, Heather Alicia. *Chaldean Numerology for Beginners*. Woodbury, MN: Llewellyn Publications, 2011.

Larock, Vicki B. *Numerology: Divination & Numerology: Fortune Telling, Success in Career & Wealth, Love & Relationships, Health & Well Being*. (n.l.) Amazon Publishing, 2016.

Liddell, Henry George, and Robert Scott. "Pharmakon." *A Greek-English Lexicon*. Oxford, UK: Oxford University Press, 1843.

Liles, J. N. *The Art and Craft of Natural Dyeing: Traditional Recipes for Modern Use*. Knoxville, TN: The University of Tennessee Press, 1990.

Loader, Rhea. *Dreamstones: Magic from the Living Earth*. London: Prism Press, 1991.

Lockshin, Prof. Rabbi Marty. "What Do Tzitzit Represent?" TheTorah.com.

Long, Priscilla. "How Mauve Was Her Garment," *The American Scholar*, June 19, 2013.

Los Angeles Police Museum. "LAPD's Finest, 140 Years of the World's Most--Storied Police Force,"

Maanasvi, Dr. Manoj Kumar. *Principles of Pythagorean Numerology*. New Delhi: Educreation Publishing, 2018.

Mahamevnawa. "Receiving a blessing thread." Mahamevnawa.com, April 7, 2018.

(no author) Martha Stewart. "Natural Dyes from Plants and Vegetables." MarthaStewart.com: https://www.marthastewart.com

McCullough, D.G. "Deforestation for fashion: getting unsustainable fabrics out of the closet." *The Guardian*, April 25, 2014.

McLaughlin, Chris. *Hobby Farms: Rabbits: Small-Scale Rabbit Keeping*. Irvine, CA: Bow Tie Press, 2011.

Mead, Nathaniel M. "Benefits of sunlight: a bright spot for human health," *Environmental Health Perspectives* 116, no. 4 (2008): A160-7. doi:10.1289/ehp.116-a160.

Mehta-Jones, Shilpa. *Life in Ancient Mesopotamia*. New York: Crabtree Books, 2005.

(no author) "Mental Health by the Numbers." National Alliance on Mental Illness, NAMI.org.

Miller, Daniel, and Sophie Woodward, eds. *Global Denim*. Oxford: Berg, 2011.

Mowry, Tamera. "The story behind our bracelets." Tameramowry.com, June 15, 2015.

(no author) Mulberry Farms. Care & Raising Tips—FAQ. http://www.mulberryfarms.com/care-raising-tips-faq-12.html.

Munsell, Albert. "The Munsell Color Wheel Charts & Theory Behind Them." Munsell Color.

(no author) National Institute of Mental Health (ND). "Statistics." National Institute of Mental Health.

Navran, Shakti Carola. *Jewelry and Gems for Self-Discovery: Choosing Gemstones That Delight the Eye and Strengthen the Soul*. St. Paul, MN: Llewellyn Publications, 2008.

Nichols, Wallace. *Blue Mind: The Surprising Science That Shows How Being Near, In, On, or Under Water Can Make You Happier, Healthier, More Connected, and Better at What You Do*. New York: Hachette Book Group, 2014.

Orr, Stephen. *The New American Herbal*. New York: Random House, 2014.

Ossola, Alexandra. "This Woman Sees 100 Times More Colors Than The Average Person." *Popular Science*, October 13, 2014.

Parkes, Clara. *The Knitter's Book of Yarn*. New York: Random House, 2007.

Paspates, A. G. *The Great Palace of Constantinople*. Translated by B. D. William Metcalfe. London: Paisley, 1893.

Petit, Philippe. *Why Knot? How to Tie More than Sixty Ingenious, Useful, Beautiful, Lifesaving, and Secure Knots!* New York: Harry N. Abrams, 2013.

Pinch, Geraldine. *Magic in Ancient Egypt*. London: British Museum Press, 1994.

Purdy, Stephen R, DVM. "Review of the July 2017 Nunoa Project Veterinary Work in Peru August 2017." Nunoa Project, 2017.

Rabbi Ullman. "The Red String." Rabbiullman.com, June 19, 2004. http://wp.rabbiullman.com/the-red-string/.

Reimer, Miriam. "5 Food Companies That Serve You 'Wood.'" *The Street*, Mar. 2, 2011.

Reiner, Erica. "Astral Magic in Babylonia." *Transactions of the American Philosophical Society* 85, no. 4. Philadelphia: 1995.

Reis, João José, H. Sabrina Gledhill. *Death Is a Festival: Funeral Rites and Rebellion in Nineteenth-Century Brazil*. Chapel Hill, NC: University of North Carolina, 1991.

Replica Printing, "Why Do Printers Use CMYK?" October 24, 2016.

Riggs, Christina. *Unwrapping Ancient Egypt.* London: Bloomsbury Publishing, 2014.

Robinson, Rowan. *The Great Book of Hemp: The Complete Guide to the Environmental, Commercial, and Medicinal Uses of the World's Most Extraordinary Plant.* Rochester, VT: Park Street Press, 1995.

Sadtler, Samuel Philip, and Virgil Coblentz. *A Text-book of Chemistry: Intended for the Use of Pharmaceutical and Medical Students.* Philadelphia: J.B. Lippincott, 1906.

Schinzel, A. and H. Benger. "Water pollution by waste products of cellulose and rayon plants. II. Ground water pollution by waste water of the cellulose and rayon industries." *Arch Hyg Bakteriol. June 1960, 144: 329–344.*

Schmitz, Rob. *"How Your Cashmere Sweater is Decimating Mongolia's Grasslands."* National Public Radio, Morning Edition, Dec. 9, 2016.

Schoeser, Mary. Silk. New Haven, CT: Yale University Press, 2007.

Siegel, Ethan. "Why Does Earth Appear Blue from Space?" Forbes.com, March 4, 2016.

Silverstein, Alvin, Virginia B. Silverstein, and Laura Silverstein Nunn. *Photosynthesis (Science Concepts* series). Minneapolis, MN: Twenty-First Century Books, 1998.

Skeat, Walter W. *The Concise Dictionary of English Etymology.* Hertfordshire, UK: Wordsworth Editions, 1993.

Soffer, Olga, James M. Adovasio, and David C. Hyland. "The 'Venus' Figurines, Textiles, Basketry, Gender, and Status in the Upper Paleolithic." *Current Anthropology* 41, no. 4 (August/October 2000): 511–537.

Taussig, Michael. *What Color Is the Sacred?* Chicago: University of Chicago Press, 2009.

Taylor, Frederick. *Coventry.* London: Bloomsbury, 2017.

Teman, Elly. "The Red String: The Cultural History of a Jewish Folk Symbol." In *Jewishness: Expression, Identity, and Representation,* Simon J. Bronner, editor. Oxford: The Littman Library of Jewish Civilization, 2008.

(no author). "Thirsty for fashion? How organic cotton delivers in a water stressed world". Soil Association. https://www.soilassociation.org/media/19674/thirsty-for-fashion-soil -association-report.pdf.

Thompson, Daniel V. *The Materials and Techniques of Medieval Painting*. New York: Dover Publications, 1956.

Tierney, John, and Roy F. Baumeister. *The Power of Bad: How the Negativity Effect Rules Us and How We Can Rule It*. New York: Penguin Press, 2019.

Trachtenberg, Joshua. *Jewish Magic and Superstition: A Study in Folk Religion*. New York: Atheneum. Originally published 1939, Behrman's Jewish Book House, n.l.

Treadwell, Amy. *The Red Book of Luck*. San Francisco: Chronicle Books, 2018.

(no author) "Why does the ocean appear blue? Is it because it reflects the color of the sky?" *Scientific American*, October 21, 1999. https://www.scientificamerican.com/article/why-does -the-ocean-appear/.

Williams, Brandy. *White Light, Black Magic: Racism in Esoteric Thought*. Brandy Williams website, 2018.

Wingfield, Chris. "Witches' Ladder: the hidden history."

Wipplinger, Michele. *Natural Dye Instruction Booklet: Everything You Need to Know About Dyeing and Painting with Natural Dye Extracts*. Boca Raton, FL: Earthues, 2000.

Woodford, Chris. "Nylon." Explain That Stuff!, January 31, 2019.

Wright, Jennifer. "The History of Green Dye is a History of Death." Racked.com, March 17, 2017.

Yamada, Haru, Orlando R. Kelm, and David A. Victor. *The 7 Keys to Communicating in Japan: An Intercultural Approach*. Washington, D.C.: Georgetown University Press, 2017.

Yamakage, Motohisa. *The Essence of Shinto: Japan's Spiritual Heart*. Translated by Mineko S. Gillespie, Gerald L. Gillespie, and Yoshitsugu Komuro. Tokyo: Kodansha International, 2006.

Índice Remissivo

A

Acrílico, 104-5, 116-7, 119

Algodão, 12, 95-6, 99, 103-5, 1081
109, 115-6, 118, 128, 136, 144, 166,
178, 179, 221

Alpaca, 113-4

Amora, 98

Angorá, 112-3, 120

Arco-íris, 64-6, 70-1, 73, 77, 80, 83,
86, 88, 89, 90, 111, 177, 180-2, 184,
185, 189, 236

Árvore da Vida, 175, 240-2

B

Babilônico, Babilônia, 20, 58, 63, 89, 90

Barril, 46

Buda; budismo; budista, 21, 23-5, 157

Bússola, 57, 63, 64, 66

C

Cabala, 21, 240

Cabra, 110, 112, 113, 120

Camelo, 110, 113

Cânhamo, 35, 36, 103, 104, 110,
114, 172

Catalhoyuk, 109

Caverna, 18, 20, 247

Caxemira, 112-4, 120

China, 75, 110, 112-4, 117

Clorofila, 84

Cobre, 179, 207

Cochonilha, 85, 91-3, 97, 98, 100

Coelho, 112-3, 120

Cores:
    Primárias, 62, 64, 65, 77, 79, 96, 181
    Secundárias, 64, 65, 77, 81

Corantes: 69, 70, 74, 86, 91, 93-9,
100, 101, 185
    Alcatrão, 101
    Alimentar, 92
    Amarelos, 93, 94, 95, 98
    Anilina (AZO), 101
    Azuis, 94
    Brancos e pretos, 96
    Carmesim, 85
    Cochonilha, 85
    Comercial, 94
    Coventry, 74
    Garança, 93
    Indiano, 93
    Índigo, 96
    Kermes, quermes, 92

Laranja, 93

Madder, 96

Natural (naturais), 5, 80, 81, 97, 101, 185

Roxos, 95

Scheele, 74

Sintéticos, 74, 86, 88, 92, 100, 185

Vegetais, 97, 98, 100

Verdes, 74, 94

Vermelhos, 91-2

Crochê, 171, 173, 174

Côvado, 30-2, 179, 180

Cristão, 21, 22

Couro, 12, 20, 103-7, 110

E

Egito; egípcio, egípcia, 19, 62, 65-7, 109, 124

Enéade, 57, 67

Escravidão, 86, 88

Espectro, 65, 69, 73, 77, 81, 88, 90, 93, 182

Estrela de sete pontas, 57

Exercícios: 15, 145, 195, 223

Abençoe os materiais, 190, 222

Atribuindo desejos aos nós, 162

Corte um nó, 170

Compartilhando um cordão, 45

Encontre seu nome de nascimento, 59

Encontre seu número de nascimento, 59

Energia armazenada, 165

Enviando energia para fora e mantendo a energia dentro, 41

Libere um cordão, 50

Projete um cordão de amor, 156

Projete um cordão de aspiração espiritual, 159

Projete um cordão de prosperidade, 143

Projete um cordão de proteção, 127

Projete um cordão de saúde, 135

Retendo desejos nos nós, 163

Torção para duas pessoas, 42

Torção para três pessoas, 45

Torcendo uma corda, 37, 195, 223

F

Farr, Florence, 90, 240

Fechos, 46

Feitiços: 9, 10, 12, 15, 95, 175, 147, 215

Amanhecer, 197

Benção divina, 33

Brisa, 216

Campo, 214

Casamento, 226

Chuva, 218

Círculo, 24

Construindo uma família, 227

Corda da Bruxa, 231

Cordão circular de nove pés, 230

Cordão da Árvore da Vida, 242

Cordão da união, 244

Cordão de aspiração espiritual, 160

Cordão de esfera, 242

Cordão de prosperidade, 144

Cordão de proteção, 128

Cordão de quatro elementos, 210

Cordão de saúde, 136

Cordão do amor, 157

Cordão Sabático, 234

Cordões dos signos astrológicos, 239

Criando estabilidade na vida em casa, 228

Deserto, 213

Dia ensolarado, 215

Elemento Água, 209

Elemento Ar, 208

Elemento Fogo, 208

Elemento Terra, 209

Encontrando um novo amor, 225

Entardecer, 197

Escada de Bruxa, 232

Estação inverno, 201

Estação outono, 201

Estação primavera, 200

Estação verão, 200

Feitiço de nove nós, 231

Floresta, 212

Garoa, 218

Graduação, 225

Lua cheia, 203

Lua negra, 204

Lua nova, 203

Medida, 229

Meia-noite, 198

Momentos do dia, 199

Montanha, 213

Nó da roda do ano, 236

Nó de vento, 217

Nó dos ciclos da Lua, 204

Nó para todas as estações, 202

Nó planetário, 206

Poder planetário, 206

Pôr do sol, 198

Praia, 212

Proteção da casa, 243

Proteção de linha vermelha, 32

Proteção, 49, 137, 140

Queda d'água, 211

Rajada de vento, 216

Rio e fluxo, 211

Tempestade, 217

Transições, 228

Trovoada, 219

Vela, 10

Vida criativa, 224

Folha, 83, 97, 110, 114, 214, 218, 224

Fotossíntese, 84

G

Gancho, 26, 37, 41, 42

Gênova, 85

Golden Dawn, 90, 239, 240

Grande Santuário de Tsubaki da América do Norte, 24

H

Handfasting, 25, 242, 244

Harris, Lady Freida, 240

Heptagrama, 57

Hexagrama, 57, 64

Himala (amuleto, árabe), 19

Hindu, 21, 22, 33, 34, 63

I

Impressora, 79, 80

Índia, 74, 75, 86, 88, 95, 113

Índigo, 65, 67, 81, 86, 90, 91, 94-8, 100

J

Jeans, 75, 85, 86, 101

Judaica, judeu, 21, 22

K

Kalava, 22

Kashi Vishwanath, 22

Kermes (Quermes), 92

L

Lagosta, 46

Livro das Pedras 19

Lhama, 110, 113, 114

Lã, 10, 12, 18, 202, 27, 31, 93-7, 99, 103-5, 108, 109, 110-5, 108-9, 110-4, 117-9, 120, 157, 169, 185, 188, 221, 230

Linho, 17, 18, 20, 27, 31, 96, 99, 103-5, 108-10, 114, 115, 118, 119

M

Macramê, 172, 231, 244

Madder, 91-3, 96, 98

Madonna, 21

Magnético, 46

Mão, 11, 18, 21, 22, 25, 26, 28, 29, 30-4, 37, 39, 41, 43, 50, 55, 63, 74, 93, 94, 111-3, 117-9, 123, 151, 162, 164, 175, 177, 190, 194, 195, 199, 202, 206, 217, 222, 223, 233, 244

Matemáticos caldeus, 58

Mathers, Moina, 240

Mauveína, 100

Medida, 24, 29, 30-2, 41, 229, 230

Mesopotâmia, 109

Mixtecas, 95

Mohair (angorá), 112, 113, 116, 120

Monges Gaden Shartse, 23

N

Náilon, 12, 35, 103-5, 112, 114, 116, 117

Neandertal, 18, 19

Neolítico, 107, 114

Numerologia, 55, 58, 67

O

Ogdóade, 57, 66

Ouro, 48, 50, 83, 84, 87, 106, 179, 205, 264

Ovelha, 20, 110-4, 118, 119, 120

P

Pacificador, 60

Pagão (pagã), 5, 9 10, 21, 24, 25

Paleolítico, 106

Pé, 24, 25, 30, 31, 55, 61, 139, 211, 230, 231

Pennsylvania Dutch, 22

Pentagrama,

Perkin, William Henry, 100, 101

Peru, 113

Pharmakon, 95

Pirit nul (linha abençoada), 23

Planeta, 9, 48, 57, 58, 65, 69, 70, 71, 81, 85, 89, 90, 91, 101, 169, 180, 185, 186, 189, 205-7, 237-9, 240, 241

Planilha: 13, 15, 30, 53, 67, 180, 221, 237

   Cores do astrológicos qualidades, Meça a si mesmo, 23

   Minhas fibras preferidas, 104

   Os significados das minhas cores, 70

   Os significados dos meus números, 56

   Paleta de cores do arco-íris, 181

   Paleta de cores elementares, 184

   Paleta de cores expandida, 182

   Paleta de cores planetárias, 185

   Projeto mágico com cordão, 223

   Os significados das minhas cores, 70

Polegada, 30, 31, 33, 37, 173, 174, 179, 180

Poliéster, 103-5, 116, 117

Prata, 48, 91, 179, 185, 188, 202, 205

R

Rachel, 21

Rayon (Raiom), 104, 105, 115-7

Reciclar, 49, 51, 165

Referência rápida: 57, 70, 77, 178, 240, 242

   Associações planetárias, 205

   Características do seu número pessoal, 60

   Cores da Árvore da Vida, 241

   Cores da impressora, 80

   Cores do Sabbat, 236

   Cores dos signos astrológicos, 238

   Cores planetárias, 91

   Cores primárias e secundárias, 77

   Dia e estação do ano, 196

   Medidas, 30

   Modelo de fabricação de cordões, 195

   Números na magia com nó, 169

   Roda de cores Munsell, 78

   Significados das fibras, 105

   Significados da paleta de cores do arco-íris, 71

   Significados dos números, 57

   Significados da paleta de cores expandidas, 71

   Tinja seu próprio fio, 99

   Tinturas Naturais, 98

   Usando cores e números em outros trabalhos manuais com fios, 173

Repolho, 95, 98, 99

Revolução Industrial, 108

Roda, 28, 57, 66, 76, 78, 124, 129, 228, 236

Roxo de Tyrian, 100

S

Sai sin, 23

Seda da paz, 114

Seda, 100, 101, 104, 105, 108, 110, 114-6, 118, 119

Shimenawa, 24

Shiva, 22, 23, 63

Sintético, 12, 74, 75, 86, 88, 91, 92, 100, 103-5, 109, 111, 115, 117, 118, 120, 178, 179, 185, 221

Solda, 94, 96-8, 100

Soldado, 33, 85, 92

T

Talismã, 12-5, 27, 29, 46, 48, 51, 103, 120, 125, 164, 170, 171, 177, 243

Tamar, 21

Tara Branca, 23, 24

Tarot Thoth, 240

Tear de Jacquard, 108

Tear, 107, 108, 173

Tecelagem, 28, 108, 172-4

Tecelagem, 28, 108, 172-4

Tecido, 20, 22, 29, 31, 50, 53, 74, 75, 80, 81, 83, 85-7, 91, 95, 96, 99, 101, 103-9, 110, 112, 114-9, 162, 164, 165, 172-3, 177-9, 189, 221

Tinta, 12, 74, 79, 80, 83, 86, 87, 91, 92, 95-6, 99, 111, 118

Tinturas, 74, 75, 81, 87, 93-6, 98, 99, 100

Tricô, 31, 119, 120, 171, 173, 174

Tzizith, 22

U

Unidade, 31, 56, 57, 62, 64

V

Varanasi, 22, 108

Verde de Scheele, 74, 94

Viés de negatividade, 122

X

Xintoísta, 11, 15

W

Woad (*Isatis tinctoria*), 74, 94-8

Z

Zigurate, 90